FIGURES OF SPEECH

FIGURES OF SPEECH

Poems by **Enrique Lihn**

translated by **Dave Oliphant**

AUSTIN, TX

Copyright ©1999, 2016 Host Publications, Inc.

All rights reserved.

Printed in the United States of America

Second Edition

Library of Congress Control Number: 2016943589

No part of this book may be reproduced or used in any manner whatsoever without the express written permission of the publisher except for the use of brief quotations embodied in reviews. For information, contact

Host Publications, Inc.
3408 West Avenue
Austin, TX 78705

First Printing, 1999

978-0-924047-95-4

Layout & design:	Anand Ramaswamy
Author photo:	Layle Silbert
Cover design:	Anand Ramaswamy

hostpublications.com

CONTENTS

Introduction   i

NOTICIAS DE BABILONIA / NEWS FROM BABYLON

Retrato   4
Portrait   5

Bella época   6
Belle Epoque   7

Noticias de Babilonia   16
News From Babylon   17

FIGURAS DE PALABRAS / FIGURES OF SPEECH

Mester de juglaría   28
Art of Minstrelsy   29

A Roque Dalton   38
To Roque Dalton   39

Figuras de palabras   40
Figures of Speech   41

Si se ha de escribir correctamente poesía   42
If Poetry Is To Be Written Right   43

Época del dato   48
Age of Data   49

Literatura	50
Literature	51
Por fuerza mayor	54
By an Uncontrollable Force	55
Un mundo de personas que yo ignoro	56
A World of Persons That I Do Not Know	57
Yo le dije al autor de estos sonetos	58
To the Author of These Sonnets I Said	59
Los aparentes días de verano	60
Summer's Apparent Days	61
Mausoleo	62
Mausoleum	63
Que sería de mí sin mis palabras	64
What Would I Be Without My Words	65
Sueño y variaciones	66
Dream and Variations	67
El muro de los lamentos	68
The Wailing Wall	69

EL ARTE Y LA VIDA / ART AND LIFE

El arte y la vida	74
Art and Life	75

El amanecer 1809	76
Dawn 1809	77
J.M.W. Turner (1775-1851)	80
J.M.W. Turner (1775-1851)	81
Olana I	82
Olana I	83
Olana II	86
Olana II	87
Kandinsky 1904	92
Kandinsky 1904	93
Woman Bathing in a Shallow Tub	94
Woman Bathing in a Shallow Tub	95
Monet's years at Giverny	96
Monet's Years at Giverny	97
Villa Cáncer	102
Cancer Villa	103
Para Adriana	104
For Adriana	105

MONSTRUO DE BROOKLYN / BROOKLYN MONSTER

de *Escrito en Cuba*	110
from *Written in Cuba*	111

Europeos	114
Europeans	115
Para Rigas Kappatos	120
For Rigas Kappatos	121
Monstruo de Brooklyn	128
Brooklyn Monster	129
El Hudson en el camino de Poughkeepsie	130
The Hudson on the Way to Poughkeepsie	131
Tulipanes de Toronto	132
Tulips of Toronto	133
La risa abunda en boca de los jóvenes	134
Laughter Abounds in the Mouths of Youths	135
1985 La despedida 2	136
1985 Farewell 2	137
Una canción para Texas	142
A Song for Texas	143
Voy por las calles de un Madrid secreto	144
I Pass Through the Streets of a Secret Madrid	145
Cocina gallega	146
Galician Kitchen	147
Del hombre y del granito	148
Of Man and Granite	149

Carballo	150
Oak	151
Café Derby	152
The Derby Café	153
Escrito en Arequipa	154
Written in Arequipa	155

LAS SIRENAS / THE SIRENS

Yo el libro	160
I the Book	161
Larga distancia	162
Long Distance	163
Rueda de la fortuna	164
Wheel of Fortune	165
Contraguerrilla	166
Counterguerrilla	167
Eco de otra sonata	168
Echo of Another Sonata	169
Conveniencias del otoño	170
Advantages of Autumn	171
Las sirenas	172
The Sirens	173

LOS QUE VAN A MORIR / THOSE WHO ARE GOING TO DIE

Kafka	176
Kafka	177
Nada tiene que ver el dolor con el dolor	178
Pain Has Nothing To Do With Pain	179
Limitaciones del lenguaje	184
The Limitations of Language	185
Contra los pensamientos negros	186
Against Black Thoughts	187
La muerte en la ópera	188
Death in the Opera	189
El aprendiz del arte de morir	190
Apprentice to the Art of Dying	191
La ciudad del Yo	194
The City of the I	195
La muerte es un buen amigo común	196
Death Is a Good Friend We Share in Common	197
Quién de todos en mí es el que tanto	198
Who of All Those in Me Is the One	199
Buen despilfarrador	200
The Good Spendthrift	201

La mano artificial	202
The Artificial Hand	203
Autocine	204
Self-Made Cinema	205
Los que van a morir	206
Those Who Are Going to Die	207
Nadie escribe desde el más allá	208
Nobody Writes From the Other Side	209
Qué otra cosa se puede decir de la muerte	210
What Else Can Be Said of Death	211
Animita de éxito	212
Charmed Roadside Memorial	213

INTRODUCTION

While living in Chile in 1966, I came upon a poem by Enrique Lihn published that year in *Orfeo*, a monthly poetry magazine produced in the capital of Santiago. This was the second time that I had seen Lihn's poetry, the first time having been the year before in a selection of Chilean poetry introduced and translated by Miller Williams for *Motive* magazine, but at that time the Chilean's "Graveyard at Punta Arenas" in *Motive* had not interested me so much as had the antipoems by Lihn's fellow Chilean, Nicanor Parra, also included in that same issue of the Methodist magazine. In the double issue of *Orfeo*, numbers 21-22, Lihn appeared in the company of an impressive line-up of poets, including Gabriela Mistral, Chile's first winner in 1945 of the Nobel Prize for poetry; Pablo Neruda, the Nobel Prize winner in 1972; Allen Ginsberg and Jean Cocteau in Spanish translation; Roberto Juarroz of Argentina; Roque Dalton of El Salvador; Juan Liscano of Venezuela; and Pablo Antonio Cuadra of Nicaragua. Contemporary Chilean poets were also included in the double issue, among them Rosamel del Valle and Delia Domínguez. But in *Orfeo* it was Lihn's poem, "Nieve" ("Snow"), to which I was especially attracted, and since I was putting together the next issue of a magazine in English, entitled *Tide*, jointly published by the Instituto Chileno-norteamericano and the Catholic University, I asked María Angélica Casar, one of my students at the University, to translate Lihn's poem for inclusion in the second issue of that publication.

"Nieve," as I later learned, was the first poem in Enrique Lihn's book manuscript that had just won for him the prestigious

INTRODUCTION

poetry award of the Casa de las Américas and would be published in 1966 as *Poesía de paso (Occasional Poetry)*. Although "Nieve" does not form part of the present collection, another piece, "Bella época" ("Belle Epoque"), is typical of *Poesía de paso* and is accompanied here by two other early poems written prior to 1970: "Retrato" ("Portrait") and "Noticias de Babilonia" ("News From Babylon"), which, together with "Belle Epoque," provide background on and insight into Lihn's religious upbringing, trace the childhood sources of his awakening to sexuality and literature, and hint at an overriding theme in his writing: the role of poetry, which the poet himself questions even as he is moved to its creation "By an Uncontrollable Force," the title poem of his 1975 collection, Por fuerza mayor.

Best known for the title poem of his 1963 collection, *La pieza oscura (The Dark Room)*, Enrique Lihn was well served in 1969 by *This Endless Malice* (Lillabulero Press) and in 1978 by *The Dark Room and Other Poems* (New Directions), two collections of his poetry translated into English by William Witherup and Serge Echeverría and by Jonathan Cohen, John Felstiner, and David Unger. Both of those earlier volumes emphasized work from *La pieza oscura* and *Poesía de paso*, although the New Directions book includes a few representative poems from Lihn's *La musiquilla de las pobres esferas* (*A Bit of Music from the Lower Spheres*, 1969), *Album de toda especie de poemas* (*Album of All Kinds of Poems*, 1972), *La Estación de los Desamparados* (*The Station of the Helpless Ones*, 1973), and *París, situación irregular* (*Paris, Irregular Situation*, 1977). The first collection of Enrique Lihn's poetry to appear in English in over 20 years, the first edition of *Figures of Speech* offered at the time the largest selection of the Chilean's work and concentrated on the period

INTRODUCTION

of his writing after the New Directions volume and up to the poet's death in 1988 at age 59.

Divided into six sections, *Figures of Speech* opens with "Portrait," a piece discovered posthumously in an unpublished manuscript dated 1952 and printed for the first time in July of 1998. Referred to in *El Mercurio*, where the poem first appeared, as an "exact self-definition of the poet," this early portrait does indeed identify a number of the poet's principal characteristics. He was certainly a poet "from head to foot," for he dedicated his life to the writing of poetry, even though he also managed along the way to produce short stories, novels, essays, reviews, and one-man dramatic shows, as well as drawings and sketches (for example, of Athinulis, the cat in his poem entitled "For Rigas Kappatos"). Among his numerous volumes of poetry there is a wide variety of styles, which is represented here by a set of five sonnets (out of the many included in such collections as *Por fuerza mayor* and *París, situación irregular)*; by his long-lined, discursive pieces; by his shorter, more tightly unified poems; and by the final poignant group of poems forming his deathbed *Diario de muerte* (*Death Diary*, 1989). As "Portrait" indicates, Lihn could be psychologically incisive in his clinical analysis of himself, yet always with an ironic touch that lends his observations a somewhat comic objectivity. This is true as well of the first section of the present book, with Lihn's treatment in "Belle Epoque" and "News From Babylon" of the oppressive religious atmosphere of his childhood, which yet inspired his writing and was the basis for much of its vital "neurotic" imagery.

Section two of *Figures of Speech* bears the same title as the entire collection and derives from a poem that presents Lihn's obsession with the nature of poetry and what he calls in one of

INTRODUCTION

his deathbed poems "the limitations of language." Registering and penetrating the meaning of existence is, for Lihn, made paradoxically more difficult by language. As he notes in "If Poetry Is To Be Written Right," poets "render the language more and more useless" by calling things by their names, since those "answer to their names / but they undress themselves before us in the dark." This is also an issue in his late poem entitled "Pain Has Nothing To Do With Pain," where he speaks of using "a figure of speech" in connection with death, adding that "my words obviously cannot cross the barrier of that unknown tongue." A number of poems in the second section of *Figures of Speech* illustrate Lihn's preoccupation with the function of language, how it should be utilized, how it can stand in the way of true understanding, and how the poet would be nothing without his words. The idea that poetry is "nothing" is, from the beginning to the end of Lihn's writing career, the cause of his sense of futility as a creative artist and yet remains for him the subject that he must forever confront and the object that he must continue to make. Even as he asserts its "nothingness," he repeatedly finds that poetry is capable of recalling to mind the effects of barbarism and thus offers "a good investment in history," and that it is the "sole repository of the eternal themes." A prolific poet, Lihn was also one who dared to peer deeply into himself, exploring even his own death and rediscovering how necessary poetry was to him as a means of facing up to the possibility of the ultimate nothingness, without feeling sorry for himself or wishing, as in "The Artificial Hand," one of the poems in *Death Diary*, "to sign a decree" and "mak[e] an exception that [would] return him to life."

The final poem in section two is entitled "The Wailing Wall," and this piece requires some special commentary. The English

INTRODUCTION

translation was first published in 1978, but without the Spanish, which Lihn and I both had lost along the way, or so it seemed at the time. In 1987 I requested that Lihn try to remember the poem and reconstruct it by looking over my English translation. On January 25, 1988, he wrote to say that he believed that he had "reconstituted approximately" the original poem, even though he went on to declare that "the reconstruction was improbable." His difficulties were owing largely, as he had indicated in a letter postmarked June 12, 1987, to the fact that he had never been able to learn English, adding that perhaps he was "dyslexic." Nevertheless, I believed that Lihn's "reconstituted" version in Spanish, based on my English translation, would prove of particular interest for several reasons. First, "The Wailing Wall" presents an especially revealing examination of irresponsibility or non-conscience. As in the case of many Lihn poems, this piece alters the normal sense of the phrase "to examine one's conscience" by proposing to examine his lack of conscience. This is the same approach that he takes in his final book, where the title of the work is not the customary or expected phrase "Diario de vida" ("Diary of Life" or "Life Diary") but is rather "Diario de muerte" ("Diary of Death" or "Death Diary"). Lihn's poetry consistently considers the other side of a phrase, practice, or concept, with the antithesis as much of concern to him as any thesis. He owed something of this approach to his fellow poet, Nicanor Parra, and his antipoetry, but whereas Parra has tended to employ his anti-poetics to trepan society, religion, politics, or whatever exhibits an absurd or hypocritical behavior or attitude, Lihn typically applies his "antipoetry" more to his own life and literature.

In 2005, the press of the University of Diego Portales in Chile issued *Una nota estridente* (*A Strident Note*), a collection of

INTRODUCTION

Lihn's poetry written between 1968 and 1972. Included in the volume is "El muro de los lamentos" ("The Wailing Wall"), in the Spanish that I had lost and that Lihn had only misplaced, since it had been located after his death. A note on the poem at the back of the volume reports that Lihn was not known for his orderliness, and consequently he failed to find the original poem in Spanish and rewrote for me the version based on my translation. The note concludes that there are not many differences between the original and the version written 15 to 20 years later. Comparing the two versions, I find only four words that differ: "reconocido," "el camino," and "le" (in the phrase "le treta," which was a typo in the first edition of *Figures of Speech* for "la treta"). In place of those four words, the original Spanish has "declarado," "esa vuelta," and "la." Although there are no significant changes in the meaning of the poem, I have translated the words in Spanish that differ from the original and have substituted the English and the Spanish for the four words in the poem as they were published in the 1999 edition of *Figures of Speech*. In addition, I have corrected inaccurate translations in other poems, of which I had become aware, and have made changes in a few cases where I felt that my original versions could be improved.

Next to poetry itself, perhaps art was the other subject that most often drew Lihn's attention as a poet and inspired a number of his poems on artworks or passages in his poems on other topics. He was well-versed in the field of art history, and his poetry reflects his knowledge and special interpretations of specific works from art's various historical movements. The third section of *Figures of Speech* is therefore devoted to a selection of poems on artworks, taken from two of Lihn's collections, his *A partir de Manhattan* (*Leaving Manhattan*, 1979) and *Pena de*

INTRODUCTION

extrañamiento (*Pain of Estrangement*, 1986). Lihn's blend of "Art and Life" at times examines his own experiences through the media of painting and collage, and this is especially true of his last poems, where he compares his own death to paintings by Andrea Mantegna and Max Klinger. One of the most curious poems related to the world of art is Lihn's two-part "Olana," which is based on the home of the American artist Frederick Edwin Church. In this piece, Lihn considers the peculiar architecture of Church's "fake heaven" and parallels it to a liaison the poet apparently had from a casual encounter. Another example of the poet's combination of art and life is found in "For Adriana," with its allusions to the boxes of bric-a-brac constructed by Joseph Cornell, in which time and place are transformed and yet preserved in a new and more meaningful relationship. What intrigues Lihn about both poetry and painting is their power seemingly to bring their subjects to life, as in the case of Monet's haystacks, which he says "cannot be (yet are) imaginary."

A subject that was obviously unavoidable in Lihn's chronicling of art and life—both his own and that of his fellow poets and painters—was his travels outside of Chile, the theme of section four. His visit to Cuba was recorded in his long poem, *Escrito en Cuba* (*Written in Cuba*), from 1969, in which he remarks that "I have not hung up the habit of the poem, but know it / only too well," that he believes "even less in some of those who afterwards came / among us, proclaiming the period of armed / poetry." Lihn's more overtly political poems are not included here but are available, for instance, in a group of poems from his 1983 collection, *El paseo ahumada* (*Ahumada Mall*), translated by Mary Crow and published in *American Poetry Review* for July/August 1991. "Europeans" is a poem based on

INTRODUCTION

Lihn's trip to France at the beginning of the 1970s when he studied works of art in the Paris museums. This is followed by poems depicting scenes and situations in New York (both the state and the city), Canada, Texas, Spain, and Perú. Lihn sympathized especially with the street people of New York City and those who rode the subways, as in "Brooklyn Monster," which prior to its appearance in *Figures of Speech* had not previously been collected in book form. "Tulips of Toronto" and "Laughter Abounds in the Mouths of Youths" are both set in Toronto, with the latter recalling the medieval allegory of death in Chaucer's "The Pardoner's Tale." Lihn's allusions to American literature appear in several of the travel poems and demonstrate his wide reading and perspicacity. From Lihn's time in Texas as a visiting professor came "A Song for Texas," a satirical take on the state's size complex, and "1985 Farewell 2," a poem that combines precise description of the area overlooking the Colorado River at Austin with a rather unusual metaphorical probing of the psychology of a young woman the poet had met at the University of Texas. The poems set in Spain address once more Lihn's concern with language, both his own use of this means of communication and its relationship to the traditions maintained by the Galicians in the face of an impersonal modern technology divorced from nature and the closeness of family life. "Arequipa," a poem from one of Lihn's visits to Perú, touches on some of the same themes as in his other travel poems, including his response to the place and its people, language, and history.

"Arequipa" and the excerpt from *Written in Cuba* have been added to this second edition of *Figures of Speech*, since I had intended to include them originally but only discovered in 1999 that I no longer had the Spanish to pair with the English. For inclusion of these two translations I am indebted to the

INTRODUCTION

appearance in 2005 of *Una nota estridente*, which furnished me with the Spanish of "Arequipa," and to my friend Bill Fisher of San Antonio, who located, purchased, and gave me a rare copy of *Escrito en Cuba*, which I had once owned but had never recovered after having loaned the book for an exhibition. I am also grateful to Joe Bratcher, publisher of Host Publications, for providing me with an opportunity to revisit and revise *Figures of Speech*, which has renewed and deepened my appreciation for Lihn's intellect and artistry.

Section five of *Figures of Speech* contains examples of Lihn's more direct treatment of the subject of love. "The Sirens," the title poem of this section, presents—by way of the Ulysses story—the viewpoint of the aging lover as he finds himself abandoned by all but the sea nymphs who would tempt him to his destruction. Other poems in this fifth section consider the difficulties of love by means of striking metaphors: first, of the poet compared to a book being read and discarded, and then, among others, of a long-distance telephone conversation, the wheel of fortune, and the political/military struggles so common in Latin America during the poet's "Age of Data." This section in turn leads to the final group of poems of section six, which at times concern the relationship between love and death. With the exception of "Kafka," the first poem in section six, all of the subsequent pieces were written and proofed for publication during the last days of the poet's life. Lihn reportedly recalled on his deathbed the fact that Kafka also proofed his final book as he was dying. For this reason I have included Lihn's poem on the Austrian writer from the Chilean's 1969 collection, *La musiquilla de las pobres esferas*, since that earlier poem shares the perspective on death found in Lihn's *Diario de muerte*, his final observations on a subject that had preoccupied him throughout his career.

INTRODUCTION

In Lihn's last poems, love especially surfaces in reference to the one faithful woman, a kind of Penelope, who is no longer jealous of the other women in the poet's life. In the poem entitled "Pain Has Nothing To Do With Pain," Lihn alludes to Isabel, the girl from his childhood who appears in his "The Dark Room" of 1963 and who has left in his memory "the trail of her gleam." Principally, however, the deathbed poems address such issues as preparation for, acceptance of, and the meaning of death. A particular passage in "Pain Has Nothing To Do With Pain," which refers to the poet's doctors as having postponed his death, was only one of many passages in Lihn's poems that presented translation difficulties. After asking a number of native speakers about this passage, as well as several physicians, I finally received the fullest and most thoughtful discussion of the medical and ethical considerations of the case from Dr. Rebecca Traylor, the daughter of a longtime friend:

> The pleura is the lining of the lung. It is composed of two layers: a visceral layer that follows the contours of the lung and a parietal layer that lines the thoracic cavity. The lung itself has no pain fibers, but the pleura does. Thus, once a disease process (be it a cancer, pneumonia, or inflammation) reaches the pleura, one develops pain. Once a cancer pierces the pleura it is a higher stage (i.e., worse prognosis) because this infers that it has invaded the natural boundaries of the lung. However, a tumor can invade the pleura AND chest wall and still be resectable (i.e., curable) if it has not spread elsewhere in the body.

INTRODUCTION

I can understand [the poet's] consternation. (Lately I seem to have a monopoly on lung cancer; therefore, I have struggled with this issue in my mind several times.) Many doctors do love death . . . as long as it is a drawn-out process. The callous ones equate each visit as a billing opportunity; death would kill the milk cow. However, some doctors realize that death can be a relief; an end to suffering and family strife. Death is a natural phenomenon, yet I continue to be amazed how people resist their end at every turn. Are they not at peace with themselves or their loved ones? Are they fearful of the unknown? Do they have a guilty conscience?

Most doctors do not like death; it is a tacit admission of failure. Yet I pride myself on realizing that death is not always failure; we must push the patient towards peace with himself/herself and his/her surroundings months before end of life issues arise. I suspect your poet's treatment team focused on the physical aspects of his cancer without probing the psychological ramifications of his disease. Such a focus leads to inappropriate treatment.

Dr. Traylor's detailed commentary elucidated for me the passage in "Pain Has Nothing To Do With Pain," which reads: "Perhaps doctors are nothing but experts and death—the apple / of their eyes—is a pet problem / science solves it with partial solutions, that is to say, it puts off / its insoluble nodule sealing a pleura, to start with." Her commentary should also clarify for readers the poet's reference to doctors as "hairdressers, manicurists,

INTRODUCTION

usurious users / who give [death] sparingly, in small doses." If Lihn's doctors did not probe "the psychological ramifications of his disease," certainly the poet did in a very unflinching look at himself as man and artist.

In section six, along with Lihn's observations on medical ethics, the poet meditates—as would be expected—on the arts and poetry in relationship to "the art of dying." Opera serves to suggest the power of the arts to change one's perspective, as does the very awareness of impending death. Lihn frequently sees his dying as a part in a play, observing it objectively as if it were an art form. His playfulness makes of his last poems a bittersweet reading experience, one of the most moving in modern poetry. Sharing his final hours, the reader discovers that in every sense of the word Enrique Lihn was the complete poet, for despite his constant reference to the "nothingness" of his poetry, it seems clear that his writing will continue to represent one of the true repositories "of the eternal themes."

— Dave Oliphant
Austin, Texas 1999
(revised November 2014)

ACKNOWLEDGMENTS

Chicago Review: "Belle Epoque"
Colorado Review: "Dawn 1809," "Monet's Years at Giverny"
Dactylus: "For Adriana," "Kandinsky 1904," "Olana I and II"
The Dirty Goat: "Against Black Thoughts," "Death in the Opera," "Death Is a Good Friend We Share in Common," "Galician Kitchen," "The Good Spendthrift," "1985 Farewell 2," "Of Man and Granite," "Portrait," "Those Who Are About to Die"
Ghost Dance: "Written in Arequipa" (sections 1, 2, 3, and 5)
Latin American Poetry Review: "Brooklyn Monster," "The Hudson on the Way to Poughkeepsie," "Laughter Abounds in the Mouths of Youths," "The Sirens," "Summer's Apparent Days," "Tulips of Toronto," "A World of Persons That I Do Not Know"
Vortex: A Critical Review: "Counterguerrilla," "Wheel of Fortune"
New Orleans Review: "Figures of Speech"
Nimrod: "Art of Minstrelsy"
The Pan American Review: "The Wailing Wall"
The Pawn Review: "Literature"
Road Apple Review: "If Poetry Is To Be Written Right," "News From Babylon," from *Written in Cuba*
Southern Humanities Review: "To Roque Dalton"

A number of the translations were originally collected in *If Poetry Is To Be Written Right* (Texas City, TX: Texas Portfolio Translation Series, 1977), and three of the translations first appeared in this Texas Portfolio chapbook: "Age of Data," "By an Uncontrollable Force," and "Europeans."

"Those Who Are About to Die" was reprinted in *The Oxford Book of Latin American Poetry*, edited by Cecilia Vicuña and Ernesto Livon-Grosman (New York: Oxford University Press, 2009).

I extend my gratitude to Jessica Maralla for reviewing the translations and making valuable suggestions.

FIGURES OF SPEECH

NOTICIAS DE BABILONIA

NEWS FROM BABYLON

RETRATO

Poeta de los pies a la cabeza,
hombre de pocas uñas, convulsivo, neurótico,
huérfano de las águilas, padre de su aumento,
oscuro, sombreado por un ángel difunto,
señor de su desterrado dominio,
látigo de sí mismo,
viudo de toda criatura,
frecuente su cabeza de gigante,
esporádica su alma diminuta,
aparecido yéndose,
rabioso en su alegría, alegre en su tristeza,
aborto de su orgasmo castísimo,
perro de hortelano,
oficinista a ratos, profeta a corto plazo,
delirante sobrino, oveja negra,
visitante de lujo, sospechoso,
saludable a las diez de la mañana,
muerto sin son ni ton de una jaqueca,
eximio bailarín de paso lento,
amante de las flores, asesino de pájaros,
abstracto por instinto,
concreto si se esconde bajo un cántaro,
transparente a la fuerza su secreto,
oscuro de designios convergentes.

PORTRAIT

Poet from head to foot,
a man of bitten fingernails, convulsive, neurotic,
orphan of the eagles, father to his own increase,
dark, shaded by an angel long deceased,
lord of his exiled domain,
lash of himself,
widow of every creature,
often with the head of a giant,
his soul sporadically diminutive,
appeared to be going away,
rabid in his happiness, joyful in his grief,
abortion of his own chaste orgasm,
gardener's dog doesn't eat and doesn't let others,
at times an office worker, a short-sighted prophet,
a raving nephew, a black sheep,
a special guest, suspicious,
healthy at ten in the morning,
dead from a migraine for no rhyme or reason,
distinguished dancer of the slow step,
lover of flowers, assassin of birds,
abstract by instinct,
concrete when hidden beneath a pot,
his secret transparent not by choice,
obscure from convergent intents.

NOTICIAS DE BABILONIA

BELLA ÉPOCA

   Y los que fuimos tristes, sin saberlo, una vez, antes de
      toda historia: un pueblo dividido
—remotamente próximos—entre infancias distintas.
Los que pagamos con la perplejidad nuestra forzada permanencia
en el jardín cuando cerraban por una hora la casa,
      y recibimos
los restos atormentados del amor bajo la especie de una
      "santa paciencia"
o la ternura mezclada
al ramo de eucaliptus contra los sueños malsanos.
"Tú eres el único apoyo de tu pobre madre; ya ves cómo
      ella se sacrifica por todos."
"Ahora vuelve a sonar con los ángeles." Quienes pasamos
      el superfluo verano de los parientes pobres, en la docilidad,
      bajo la perversa
mirada protectora del gran tío y señor;
      los que asomamos la cara
      para verlo
dar la orden de hachar a las bestias enfermas, y el cabeceo luego
de su sueño asesino perfumado de duraznos.
   Frágiles, solitarios, distraídos: "No se me ocurre qué,
      doctor", pero obstinados
en esconder las manos en el miedo nocturno, y en
      asociarnos al miedo
por la orina y a la culpa por el castigo paterno.
   Los que vivimos en la ignorancia de las personas
      mayores sumada a nuestra propia ignorancia,
en su temor a la noche y al sexo alimentado de una vieja amargura
—los restos de la comida que se arroja a los gorriones—.
   "Tú recuerdas únicamente lo malo, no me extraña:

NEWS FROM BABYLON

BELLE EPOQUE

  And those of us who were sad, without knowing it, once,
        before all history: a people divided
—remotely near—between differing childhoods.
Those of us who paid with perplexity for our forced stay
in the garden when they closed the house for an hour,
        and we received
the tormented remains of love beneath a kind of
        "holy patience"
or tenderness mixed
with a eucalyptus branch to ward off unhealthy dreams.
"You are the only support of your poor mother; you can see
        how she sacrifices herself for everyone."
"Now sweet dreams." We who spent
        the superfluous summer of poor relations,
        docile beneath the perverse
protective watch of the great uncle and master;
        those of us who showed our faces
        to catch a glimpse of him
giving orders for beheading the sickly beasts, and later nodding
in his murderous dream perfumed by peaches.
  Fragile, solitary, distracted: "I can't imagine what,
        doctor," but obstinate
in hiding our hands in nightly dread, and in allying ourselves
        with fear
through urine and with guilt through paternal punishment.
  Those of us who lived in the ignorance of the elderly
        added to our own ignorance,
in their fear of night and of sex fed on an old bitterness
—scraps of the meal thrown to the sparrows—.
        "You remember only the bad part, which doesn't

es un viejo problema de la familia". Pero no, los que fuimos
minuciosamente amados en la única y posible extensión
    de la palabra
    que nadie había dicho en cincuenta años a la redonda,
        pequeñas caras impresas, sellos de la alianza.
    Sí, verdaderamente hijos de la buena voluntad, del más
        cálido y riguroso estoicismo. Pero, ¿no es esto
    una prueba de amor, el reconocimiento
del dolor silencioso que nos envuelve a todos?
    Se transmite, junto a la mecedora y el reloj de pared,
        esta inclinación a la mutua ignorancia,
el hábito del claustro en que cada cual prueba,
    solitariamente, una misma amargura.
Los que nos prometíamos
revelarnos el secreto de la generación en el día del
    cumpleaños: versión limitada a la duda sobre
      el vuelo de la cigüeña y al préstamo de oscuras
      palabras sorprendidas en la cocina, sólo a esto
como regalar un paquete de nísperos, o en casa del avaro
la alegría del tónico que daban de postre.
    "Han-fun-tan-pater-han"
  Sí, el mismo pequeño ejemplar rizado según una
    antigua costumbre, cabalgando, con gentil
      seriedad, las interminables rodillas del abuelo paterno.
(Y es el momento de recordarlo. Abuelo, abuelo que
    según una antigua costumbre infundiste el
    respeto temeroso entre tus hijos
por tu sola presencia orgullosa: las botas altas y el
    chasquido del látigo para el paseo matinal
    bajo los álamos.
Niño de unas tierras nevadas que volvieron por ti en el
    secreto de la vejez solitaria

surprise me: it's an old family trait." But no, those of us who were
thoroughly loved in the only possible sense
        of the word
which no one had used in fifty years or so, small imprinted faces,
        seals of the alliance.
Yes, truly sons of good will, of the warmest and most
        rigorous stoicism. But, isn't this a proof of
        love, the recognition
of the silent pain that enfolds us all?
  It is handed down, along with the rocker and the clock
        on the wall, this tendency toward mutual ignorance,
the habit of the cloister by which each proves,
        alone, a selfsame bitterness.
Those of us who promised
to disclose on our birthdays the secret of procreation:
        a version limited to doubt as to the flight of the stork
        and the swearing of dark words overheard
        in the kitchen, only this more
like giving a gift packet of crab apples, or in the miser's house
the happiness of a tonic served as dessert.
        "Han-fun-tan-pater-han"
  Yes, the same small carbon copy with curls according to an
        ancient custom, riding horsy, with graceful
        solemnity, on the endless knees of the paternal grandfather.
(And it's time to remember him. Grandfather, grandfather who
        according to an ancient custom instilled a fearful
        respect in your sons
merely by your proud presence: the high boots and the
        crack of a whip on the morning drive
        beneath the poplars.
Child of some snowy lands that came back for you in
        the secret of lonely old age

cuando los mayores eran ahora los otros y tú el hombre
        que de pronto lloró
pues nadie lo escuchaba volver a sus historias.)
        "Han-fun-tan-pater-han"
    El mismo jinete de las viejas rodillas. "No hace más
        de dos años; entonces se pensaba
que era un niño demasiado sensible".
Los primeros en sorprendernos de nuestros propios
        arrebatos de cólera o crueldad
esa vez, cuando el cuchillo de cocina pasó sesgando
        una mano sagrada
o la otra en que descuidamos las brasas en el suelo,
        en el lugar de los juegos descalzos;
flagrantes victimarios de mariposas embotelladas;
muerte por agua yodurada, aplastamiento de las larvas
        sobre la hierba y caza
de la lagartija en complicidad con el autor de la muerte
por la inflación en el balde. Muerte por emparejamiento
de las grandes arañas en el claustro de vidrio,
        y repentinamente la violencia
con los juguetes esperados durante el año entero.
        "Se necesita una paciencia de santa".
    Los que habíamos aprendido a entrar en puntillas
        al salón de la abuela materna; a no movernos
        demasiado, a guardar un silencio reverente:
        supuesta inclinación
a los recuerdos de la Bella Época ofrecidos al cielo
        sin una mota de polvo junto al examen de
        conciencia y al trabajo infatigable en el
        hormiguero vacío

NEWS FROM BABYLON

when those in charge were now the others and you the man
    who suddenly wept
since no one was listening to him return to his tales.)
    "Han-fun-tan-pater-han"
  The same horseman of the aged knees. "It hasn't been more
    than two years; it was thought then
he was an overly sensitive child."
The first to be surprised by our own fits
    of rage and cruelty
that time, when the kitchen knife flew barely missing
    a sacred hand
or the other when we left the red-hot coals on the floor,
    in a place meant for playing barefoot;
flagrant victimizers of bottled butterflies:
death by iodized water, smashing of the larva down on the
    grass and the hunt
for the lizard in league with the author of death
by bloating in a pail of water. Death by pairing off
huge spiders in the glass chamber,
    and the sudden violence
with toys awaited the livelong year.
    "It takes the patience of a saint."
  Those of us who had learned to enter on tiptoes the
    drawing-room of the maternal grandmother; not to move
    so much, to keep a reverent quiet:
    expected bow
toward memories of the Belle Epoch offered to heaven
    without a speck of dust together with the examination of
    the conscience and the untiring work in the
    empty anthill

NOTICIAS DE BABILONIA

y limpio, limpio, limpio como el interior de un espejo
que se trapeara por dentro: cada cosa
numerada, distinta, solitaria.
Los últimos llamados en el orden del tiempo, pero
los primeros en restablecer la eternidad,
"Dios lo quiera",
en el desorden del mundo, nada menos que esto;
mientras recortábamos y pegoteábamos
papeles de colores:
estigmas de San Francisco y cabelleras de Santa Clara
—gente descalza en paisajes nevados—,
y se nos colmaba, cada vez, de un regalo diferente:
alegorías de un amor victoriano:
la máquina de escribir y la vitrola. Los que nos
educamos en esta especie de amor a lo
divino, en el peso de la predestinación y
en el aseo de las uñas;
huéspedes respetuosos y respetados a los seis años;
confidentes de una angustia sutil,
discípulos suyos en teología.
Listos, desde el primer momento, para el cocimiento
en el horno de la fe atizado por Dios y
por el Diablo, bien mezclada la harina
a una dosis quizá excesiva de levadura;
rápidamente inflados al calor del catecismo. Los
que, en lugar de las poluciones nocturnas,
conocimos el éxtasis, la ansiedad por asistir
a la Misa del Gallo, el afán proselitista
de los misioneros, el miedo
a perder en la eternidad a los seres queridos, el
vértigo de la eternidad cogido al borde

NEWS FROM BABYLON

and clean, clean, clean as the interior of a mirror
        that is wiped from within: each thing
        numbered, distinct, solitary.
The last called in the order of time, but the first in
        restoring eternity,
        "God willing,"
within the world's disorder, nothing less than this;
        while we were cutting and pasting
        colored paper:
stigmata of Saint Francis and flowing hair of Saint Clara
        —barefoot people in snowy landscapes—,
and we were given, each time, a different gift:
        allegories of Victorian love:
the typewriter and the Victrola. Those of us who
        trained ourselves in this sort of love for
        the divine, in the burden of predestination and
        in the cleanliness of our fingernails;
respectful and respected guests at the age of six;
        the faithful of a subtle anguish,
        its disciples in theology.
Ready, from the first moment, to burn in the oven
        of a belief inflamed by God and
        the Devil, the flour mixed well
        to a measure perhaps heavy on the yeast;
quickly risen in the heat of catechism. Those
        who, in place of wet dreams,
        knew the ecstasy, the eagerness to attend
        midnight mass, the proselytizing zeal
        of the missionaries, the fear
of losing eternally our loved ones, the vertigo
        of the ever after clung to at the edge of

del alma: un resfrío abismal, crónico
e inefable;
inocuos remordimientos de conciencia como los
dolores de los dientes de leche; el incipiente
placer de la autotortura
bajo un disfraz crecedor, con las alas hasta el suelo.

En el futuro la brevedad de un Nietzsche de manteca,
cocinado en sí mismo; el tránsito de
Weininger perseguido por un fantasma sin
alma. Ahora el lento girar en torno a la
crucifixión,
oprimidos en el corazón. Adelgazados en la sangre.
Caldeados en el aliento.

NEWS FROM BABYLON

      the soul: an abysmal head cold,
      chronic and ineffable;
harmless remorse of conscience like the pains
      of a baby teething; the incipient
      pleasure of self-laceration
under a growing disguise, with wings dragging the ground.

In the future the conciseness of a Nietzsche of lard,
      cooked in itself; the passage
      from Weininger pursued by a soulless
      phantom. Now the slow turning towards the
      crucifixion,
heavy of heart. Diluted in the blood.
      Seethed in spirit.

NOTICIAS DE BABILONIA

Error, me das la cara incorregible,
uno a uno los pasos de la prueba
en la medida misma en que te alejan
extienden la frontera de tu reino.

No se ha perdido nada de la muerte
ni del primer contacto peligroso,
con todo lo que fuimos a vivirnos,
a pesar del Rosario y por su culpa.

Cuando se deshicieron nuestras piernas
del cuarto, nació el sexo en la miseria.
Era una tumba todo ese silencio
y el amor al silencio el primer paso.

Iglesia de los Padres Capuchinos,
Iglesia de los Padres Alemanes,
lo del cordero fue una historia cruel
lo de la eternidad mi pesadilla.

Seres amados que se me escaparon
de los dedos, camino de los cielos.
Estamos vivos pero desdoblados:
sigo allí en ese misterio doloroso.

Pruebas al canto del error: viví
entre columnas de arrepentimiento,
bajo un ruido de alas de cigüeña,
sometido al rigor de la inocencia.

NEWS FROM BABYLON

Error, you show me an inflexible face,
one by one the steps of the test
at the same pace as they leave you behind
extend the limits of your rule.

Nothing of death has been lost
nor even the first perilous touch,
with all we were going to live our lives,
in spite of the rosary and on its account.

Done with crawling on all fours,
sex was born in misery.
All that silence a tomb
and toward it love first made its way.

Church of the Capuchin Friars,
Church of the German priests,
the one of the lamb was a cruel tale
the one of eternity my recurring nightmare.

Loved ones who slipped through
my fingers, the heavens' highway.
We are alive but now are torn in two:
I go on in that doleful mystery there.

Evidence in the song of error: I lived
among pillars of repentance,
underneath the din of stork wings,
subjected to the rigors of innocence.

Música en que aprendí mi silabario
de la Pasión según Santa Vitrola.
Palacio de Cristal allá en lo alto
lleno del cacareo de los ángeles.

Calle de Dios perdida para el mundo
sobre la cual el cielo demostraba
con el compás solar, mórbidamente,
la belleza perfecta del divino.

Atardecer que se nos iba hundiendo
mientras soplaba, en un silencio exacto,
un mal barroco de alas estropeadas
su trompetilla, oleajes

acantilados montes de la luna
playas del sol para que allí fondearan
por millares los barcos de la muerte,
todo como en la palma de mi mano.

Abuela de escribir, máquina mía,
ya no corre la sangre por mis venas:
de agua bendita soy un pudridero,
llenas de musgo y podre están las llagas.

Este que vino a Babilonia en cuatro
caballos sucesivos
huyendo del camino de Damasco,
es el quinto jinete apocalíptico.

NEWS FROM BABYLON

Music to which I learned my primer
of the Passion according to Saint Victrola.
Crystal Palace off there in the blue
full of the crowing archangels.

Street of God lost to the world
above which the heavens revealed
through a solar circuit, morbidly,
the divine's beauty as absolute.

Late afternoon that was sinking from us
even as, in precise silence, it blew
a tasteless extravagance of crippled wings
its ear-trumpet, continuous waves

steep mountains of the moon,
beaches of the sun for anchoring
the ships of death by the thousands,
all as though in the palm of my hand.

Grandmother of writing, typewriter mine,
blood no longer runs in my veins:
from sanctified water I'm a putrefied spot,
the wounds filled with moss and pus.

This that came to Babylon on four
successive mounts,
fleeing the road to Damascus,
is the fifth horseman of the Apocalypse.

No había amor humano que cortara
el aliento al amor a lo divino
sin convertir de golpe al corazón
por asfixia en "el órgano del miedo".

Y en plena asfixia vi cómo cruzaba
Calle de Dios abajo, perdidiza
Quebrándome la línea del destino,
Erika: el paraíso en bicicleta.

Adiós, bajo este signo: mala Estrella
Polar preludio de lo que no es,
mi soledad babea tango a tango
el repertorio de las que se fueron.

Corriente de mujeres migratorias
de toda pluma, el cazador se emperra
en olfatear la sombra de la carne
que trae el perro-río entre los dientes.

Este pequeño aborto del infierno
vino al mundo a lavarlo del pecado.
San Francisco de Asís había muerto,
alguien tenía que resucitarlo.

Iglesia de los Padres Capuchinos.
Ángel de la Trompeta en la ventana.
Dios es amor, reparto a domicilio.
Alguien tenía que resucitarlo.

NEWS FROM BABYLON

From love of the divine no human
love could take the breath away
without asphyxia suddenly converting
the heart into "the instrument of fear."

Suffocating completely I saw how
down the Street of God, as if lost,
breaking the line of my fate, Erika
was crossing: paradise riding a bike.

Farewell, beneath this sign: evil polestar
prelude to what is not,
my solitude drools tango to tango
the repertoire of those have gone.

Current of all kinds of migrating
women, the hunter persists in
sniffing out the shadow of flesh
the dog-river carries between its teeth.

This little abortion of Hades
came to earth to cleanse it of sin.
Saint Francis of Assisi had died,
someone had to revive him.

Church of the Capuchin Friars.
Angel of the Trumpet at the window.
God is love, home delivery.
Someone had to revive him.

NOTICIAS DE BABILONIA

Vino al mundo con flores a María
en un decir Asís y "Vamos todos".
Para la eternidad no hay muerto eterno.
Alguien tenía que resucitarlo.

Lo del cordero fue una historia cruel,
ese primer contacto peligroso.
No se ha perdido nada con la muerte
dice la eternidad, mi pesadilla.

Máquina de morir, abuela eternal,
contra mi corazón arrodillado
se me humilla de pronto la cabeza,
mi corazón, "el órgano del miedo".

Contra el error no he dado con la formula
Alquimia del amor a lo divino
irreversible como la locura,
nunca di con el oro de lo humano.

Ni aun la poesía me consuela:
es inviolable "El Gran Brillante" o
cada una de esas vainas metafísicas
de la botica celestial, no hay nada

nadie que pase intacto la barrera
de lo que fue una vez lo prohibido
sin meterse en el lecho de Yocasta
bajo la gran sonrisa de la Esfinge.

NEWS FROM BABYLON

Came to earth bearing flowers for Mary
quick as saying Assisi and "Let's all go."
For eternity there is no eternal death.
Someone had to revive him.

The one of the lamb was a cruel tale,
that very first perilous touch.
Nothing has been lost in death
eternity says, my recurring nightmare.

Typewriter of death, eternal grandmother,
kneeling down before my heart,
my head at once humbles itself,
my heart, "the instrument of fear."

Against error I've found no formula
Alchemy of love for the divine
as irreversible as insanity is,
could never find humanity's gold.

Not even poetry's consoling to me:
"The Great Diamond" is inviolable
or any such metaphysical phial
from the celestial pharmacy, there's nothing

no one who may pass the barrier intact
barrier of what was once forbidden
without climbing into Jocasta's bed
underneath the Sphinx's grin.

NOTICIAS DE BABILONIA

De las pobres esferas sube y sube
esta miseria de la musiquilla:
un solo de trompeta que se ahoga
frente al solo de sol de la respuesta.

Elevado silencio a todo cubo
resonando en la calle a toda pala,
allí abajo recogen la basura.
Venid y vamos todos al infierno.

A la ciudad de Babilonia llega
el desconsuelo de la musiquilla.

NEWS FROM BABYLON

From the poor spheres rises, rises
this misery of the minor music:
a trumpet solo that is drowned before
the fifth tone of the solo's answering note.

Silence raised to the third power
resounding in the street full blast,
there below where they pick up the trash.
Let's all go to the inferno.

To the city of Babylon now arrives
the minor music's distress.

FIGURAS DE PALABRAS

FIGURES OF SPEECH

MESTER DE JUGLARÍA

Ocio increíble del que somos capaces, perdónenos
los trabajadores de este mundo y del otro
pero es tan necesario vegetar.
Dormir, especialmente, absorber como por una pajilla delirante
en que todos los sabores de la infelicidad se mixturan
rumor de vocecillas bajo el trueno estos monstruos
nuestras llagas
como trocitos de algo en un calidoscopio.
Somos capaces de esperar que las palabras nos duelan
o nos provoquen una especie de éxtasis
en lugar de signos drogas
y el diccionario como un aparador en que los niños perpetraran
    sus asaltos nocturnos
comparación destinada a ocultar el verdadero alcance de
    nuestros apetitos
que tanto se parecen a la desesperación a la miseria.
Ah, poetas, no bastaría arrodillarse bajo el látigo
ni leernos, en castigo, por una eternidad los unos a los otros.
En cambio estamos condenados a escribir,
y a dolernos del ocio que conlleva este
    paseo de hormigas
esta cosa de nada y para nada tan fatigosa como el algebra
o el amor frío pero lleno de violencia que se practica en los puertos.
Ocio increíble del que somos capaces yo he estado almacenando
mi desesperación durante todo este invierno,
trabajadores, nada menos que en un país socialista
He barajado una y otra vez mis viejas cartas marcadas
Cada mañana he despertado más cerca de la miseria
esa que nadie puede erradicar,
y, coño, qué manera de dormir

ART OF MINSTRELSY

Incredible sloth of which we are capable, forgive us,
workers of this world and of the next
but it is so necessary to vegetate.
To sleep, even more, to absorb as through a delirious straw
in which all the flavors of unhappiness mix themselves
murmur of small voices under the thunder these monsters
our wounds
like bits of something in a kaleidoscope.
We are capable of waiting for the words to injure us
or to provoke a kind of ecstasy
in place of billboard drugs
and the dictionary like a cupboard where the children
      carry out their nocturnal raids
comparison destined to hide the
      true range of our appetites
that so much seem like desperation like misery.
Ah poets, it wouldn't be enough to kneel beneath the whip
nor, as punishment, to read one another throughout eternity.
Instead we are condemned to write,
and to wound ourselves with the sloth that bears within
      this journey of ants
this thing of nothing and for nothing so fatiguing like algebra
or love cold but violence-filled so practiced in ports.
Incredible sloth of which we are capable I have been hoarding my
desperation through all this winter,
right here, workers, in a socialist state
I have shuffled again and again my old marked cards
Each morning I have awakened nearer to a misery
which no one can eradicate,
and Christ, what a way of sleeping

FIGURAS DE PALABRAS

como si germinara a pierna suelta
sueños insomnes a fuerza de enfilarse a toda hora frente a
    un amor frío pero lleno de violencia como un
    sargento borracho
estos datos que se reúnen inextricables
digámoslo así en el umbral del poema
cosas de aspecto lamentable traídas no se sabe para que
    desde todos los rincones del mundo
(y luego hablaron de la alquimia del verbo)
restos odiosos amados en una rara medida
que no es la medida del amor
De manera que hablo por experiencia propia
Soy un sabio en realidad en esta cosa de nada y para nada
    y francamente me extraña
que los poetas jóvenes a ejemplo del mundo entero se
    abstengan de figurar en mi séquito
Ellos se ríen con seguridad de la magia
pero creen en la utilidad del poema en el canto
Un mundo nuevo se levanta sin ninguno de nosotros
y envejece, como es natural, más confiado en sus fuerzas
    que en sus himnos
Trabajadores del mundo, uníos en otra parte
ya os alcanzo, me lo he prometido una y mil veces, sólo que
    no es éste el lugar digno de la historia,
el terreno que cubro con mis pies
perdonad a los deudores morosos de la historia
a estos mendigos reunidos en la puerta del servicio
restos humanos que se alimentan de restos
Es una vieja pasión la que arrastramos
Un vicio, y nos obliga a una rigurosa modestia
En la Edad Media para no ir más lejos
nos llenamos la boca con la muerte,

FIGURES OF SPEECH

as if by sawing a log I would grow
sleepless dreams by dint of lining up every hour before
        a love cold but violence-filled as a
        drunken sergeant
these facts that are inextricably bound
thus let us say it here at the threshold of the poem
things of a sorry cast brought it isn't known for what
        from every corner of the earth
(and later they spoke of the alchemy of the word)
odious remains loved to a rare measure
that is not the measure of love
So that I speak from personal experience
I'm really an expert in this matter of nothing and for
        nothing and frankly it's amazing to me
that the young poets modeling themselves after the entire world
        should abstain from becoming part of my train
They laugh safely at magic
but believe in the usefulness of the poem in the song
A new world is being built without any of us
and grows old, as is natural, more confident in its
        powers than in its hymns
Workers of the world, unite somewhere else
I'll catch up with you, I have promised it to myself a thousand times,
        only that this is not the place worthy of history,
the terrain that I cover with my feet
forgive the tardy debtors of the past
these beggars gathered at the service entrance
human remains that are fed on scraps
It is an old passion this that we drag along
A vice, and it binds us to a rigorous modesty
In the Middle Ages not to go back any further
we filled our mouths with death,

FIGURAS DE PALABRAS

    y nuestro hermano mayor fue ahorcado sin duda alguna
        por una cuestión de principios
Esta exageración
es la palabra de la que sólo podemos abusar
de la que no podemos hacer uso—curiosidad vergonzante—,
    ni mucho menos aun cuando se nos emplaza a ello
en el tribunal o en la fiesta de cumpleaños
Y siempre a punto de caer en el absurdo total
habladores silentes como esos hombrecillos del cine mudo
    —que en paz descansen—
cuyas espantosas tragedias parodiaban la vida:
miles de palabras por sesión y en el fondo un gran
    silencio glacial
bajo un solo de piano de otra época
alternativamente frenético o dulce hasta la náusea
Esta exageración casi una mala fe
    por la que entre las palabras y los hechos
se abre el vacío y sus paisajes cismáticos donde hasta la
    carne parece evaporarse
bajo un solo de piano glacial y en lugar de los dogmas surge
bueno, la poesía este gran fantasma bobo
ah, y el estilo que por cierto no es el hombre
sino la suma de sus incertidumbres
la invitación al ocio y a la desesperación y a la miseria
Y este invierno mismo para no ir más lejos lo desaproveché
    pensando
en todo lo que se relaciona con la muerte
preparándome como un tahúr en su prisión
para inclinar al azar en mi favor
y sorprender luego a los jugadores del día
con este poema lleno de cartas marcadas

FIGURES OF SPEECH

and our older brother was hung without a doubt
    as a matter of principle
This exaggeration
is the word of what we can only abuse
of what we can make no use—shameful curiosity—,
    not much less even when we're summoned for it
in court or at a birthday party
And ever on the verge of falling into the total absurd
mute speakers like those little men of the silent film
    —may they rest in peace—
whose dreadful tragedies parodied life:
thousands of words per showing and at the bottom a
    grand glacial silence
backed by a piano from another age
alternately frenetic or sweet to the point of nausea
This exaggeration almost bad faith through which
    between the words and deeds
yawns the emptiness with its schismatic landscapes
    where even the flesh seems to evaporate
backed by a glacial piano solo and in place of dogmas rises
well, poetry this great idiot ghost
ah, and the style sure isn't the man
but a summary of all his uncertainties
the invitation to sloth and desperation and misery
And this same winter not to go back any further
    I wasted it thinking
of all that's related to death
preparing myself like a gambler in his cell
to influence chance in my favor
and later to surprise the players of the day
with this poem so full of marked cards

que nada dice y contra el cual no hay respuesta posible y
que ni siquiera es una interrogación
un as de oro para coronar un sucio castillo de naipes una
cara marcada una de esas
que suelen verse en los puertos ellas nos hielan la sangre
y nos recuerdan la palabra fatal
un resplandor en todo diferente de la luz
mezclado a historias frías en que el amor se calcina
Todo el invierno ejercicios de digitación en la oscuridad
de modo que los dedos vieran manoseando estos restos
cosas de aspecto lamentable que uno arrastra y el ocio
de los juglares, vergonzante
padre, en suma, de todos los poemas:
vicios de la palabra
Estuve en casa de mis jueces. Ellos ahora eran otros no
me reconocieron
Por algo uno envejece, y hasta podría hacerlo, según corren
los tiempos, con una cierta dignidad
Espléndida gente. Sólo que, como es natural, alineados
Televidentes escuchábamos al líder yo también caía en una
especie de trance
No seré yo quien transforme el mundo
Resulta, después de todo, fácil decirlo,
y, bien entendido, una confesión humillante
puesto que admiro a los insoportables héroes y nunca han
sido tan elocuentes quizás
como en esta época llena de sonido y de furia
sin más alternativa que el crimen o la violencia
Que otros, por favor, vivan de la retórica
nosotros estamos, simplemente, ligados a la historia
pero no somos el trueno ni manejamos el relámpago

FIGURES OF SPEECH

which says nothing and against which there is no
        possible reply and which is not even a question
an ace of diamonds to crown a dirty house of
        cards a marked face one of those
that are often seen in ports those that freeze our blood
and remind us of the fatal word
a splendor totally different from light
mixed with cold stories in which love turns to ash
All winter fingering exercises in the dark
so that the fingers take note of the feeling up of remains
things of a sorry cast one drags along and the sloth
of the minstrels, shameful
father, in short, of all the poems:
vices of the word
I was in my judges' home. They now were others
        didn't recognize me
For some reason one ages, and even I would do so,
        according to the present mode, with a certain dignity
Splendid people. Only, as is natural, in line
TV viewers we listened to the leader I too fell into a
        kind of trance
It won't be I who will change the world
It seems, after all, easy to say it,
and, clearly, a degrading confession
since I admire intolerable heroes and never have they
        been so eloquent perhaps
as in this age full of sound and fury
with no other choice than violence or crime
Let others, please, live by rhetoric
we are, simply, tied to history
but are not the thunder nor wield the lightning

FIGURAS DE PALABRAS

Algún día se sabrá
que hicimos nuestro oficio el más oscuro de todos o que
    intentamos hacerlo
Algunos ejemplares de nuestra especie reducidos a unas
    cuantas señales de lo que fue la vida en estos tiempos
darán que hablar en un lenguaje todavía inmanejable
Las profecías me asquean y no puedo decir más.

FIGURES OF SPEECH

It will be known one day
that we made our office the darkest of all or
      intended it so
Some examples of our species reduced to a few signs
      of what life was in these times
will give occasion for talk in a language unmanageable still
Prophecies turn my stomach and I can say no more.

A ROQUE DALTON

Soy un poco el poeta del chambergo flotante,
de los quevedos flotantes, de la melena y la capa española,
un viejo actor de provincia bajo una tempestad artificial
entre los truenos y relámpagos que chapucea el utilero.
Si mal no recuerdo, monologo, me esmero
en llenar el vacío en que moldeo mi voz,
y la palabra brilla por su ausencia
y el drama me es impenetrable.
Envejezco al margen de mi tiempo
en el recuerdo de unos juegos florales
porque no puedo comprender exactamente la historia.

FIGURES OF SPEECH

TO ROQUE DALTON

I'm a bit the poet of the flowing regimental hat,
of the floating pince-nez, of the disheveled hair and the Spanish cape,
an old provincial actor caught out in an artificial storm
between the thunder and lightning bungled by the sound effects man.
If memory serves me right, I soliloquize, I take pains
to fill the void where I fashion my voice,
and the absent word deafens
and to me the play never comes across.
I grow old off-stage of my time
in the remembrance of those festivals of Spring
since I'm not quite able to catch the drift.

FIGURAS DE PALABRAS

La constelación del insomnio me obliga a perseverar
en un cansancio sin sueño
como a un astrónomo la desaparición de una estrella
pero sin el consuelo de ninguna de estas metáforas
que cargo a la cuenta de la vieja poesía.
Tampoco Nueva York es otro de los tantos poemas
que llevan su nombre ni se presta a lucir en el papel
(tantas veces escrita por nada y para nada)
un sentido como una máscara
detrás de la cual me ocultaría yo:
un viejo lugar común por el que todas las palabras—
salvo muy pocas—pasan.
Esta ciudad hacia la que todas confluyen
no se parece es claro en nada a una persona
Es una cosa inerte como la formación
de un continente en los períodos glaciales
y sólo en este sentido está viva
Grandeza sí pero no sueños de grandeza, avanzado por encima
de nuestros perezosos modos de evitar su descripción
con exclamaciones y otras figuras de palabras.

FIGURES OF SPEECH

Insomnia's constellation compels me to persevere
in a sleepless fatigue
like an astronomer faced with a disappearing star
but without the consolation of any such metaphors
that I charge to old poetry's account.
Nor is New York another of the numerous poems
that bear its name nor is it loaned for starring in the role
(written so often for no reason and with no results)
with a feeling like a mask
I would hide behind:
an old common place where all the words—
except for a very few—pass through.
This city towards which all converge
doesn't look it's clear anything like a person
It's something inert like the creation
of a continent in a glacial age
and is only in this sense alive
Grandeur   yes   but not dreams of greatness,   advanced on top
of our lazy means for evading its description
with exclamations and more figures of speech.

SI SE HA DE ESCRIBIR CORRECTAMENTE POESÍA

Si se ha de escribir correctamente poesía
no basta con sentirse desfallecer en el jardín
bajo el peso concertado del alma o lo que fuere
y del célebre crepúsculo o lo que fuere.
El corazón es pobre de vocabulario.
Su laberinto: un juego para atrasados mentales
en que da risa verlo moverse como un buey
un lector integral de novelas por entrega.
Desde el momento en que coge el violín
ni siquiera el vals triste de Sibelius
permanece en la sala que se llena de tango.

Salvo honrosas excepciones las poetisas uruguayas
todavía confunden la poesía con el baile
en una mórbida quinta de Recreo,
o la confunden con el sexo o la confunden con la muerte.

Si se ha de escribir correctamente poesía
en cualquier caso hay que tomarlo con calma.
Lo primero de todo: sentarse y madurar.
El odio prematuro a la literatura
puede ser de utilidad para no pasar en el ejercito
por maricón, pero el mismo Rimbaud
que probó que la odiaba fue un ratón de biblioteca,
y esa náusea gloriosa le vino de roerla.

Se juega al ajedrez
con las palabras hasta para aullar.

IF POETRY IS TO BE
WRITTEN RIGHT

If poetry is to be written right
it's not enough to feel oneself pining away in the garden
under the concerted weight of the soul or whatever it'll be
and of the illustrious twilight or whatever it'll be.
The heart has a poor vocabulary.
Its labyrinth: a game for the mentally retarded
where it tickles one to see it moving like an ox
a complete reader of serial novels.
From the moment the violin takes hold
not even the sad waltz of Sibelius
hangs in the hall filled up with tango.

Save for honorable exceptions the Uruguayan poetesses
still confuse poetry with dance
in a morbid low-class recreation park
or they confuse it with sex or confuse it with death.

If poetry is to be written right
in every case one must take it calmly.
Above all else: to be seated and mature.
Premature hatred of literature
can be of use in not spending time in the military
taken for a gay, but the same Rimbaud
who proved that he hated it was a bookworm,
and that glorious nausea came to him from gnawing on it.

One plays chess
with words right down to screaming.

Equilibrio inestable de la tinta y la sangre
que debes mantener de un verso a otro
so pena de romperte los papeles del alma.
Muerte, locura y sueño son las otras piezas
de marfil y de cuerno o lo que fuere,
lo importante es moverlas en el jardín a cuadros
de manera que el peón que baila con la reina
no le perdone el menor paso en falso.

Quienes insisten en llamar a las cosas por sus nombres
como si fueran claras y sencillas
las llenan simplemente de nuevos ornamentos.
No las expresan, giran en torno al diccionario,
inutilizan más y más el lenguaje,
las llaman por sus nombres y ellas responden por sus nombres
pero se nos desnudan en los parajes oscuros.

Salvo honrosas excepciones ya no hay grandes poetas
que no parezcan vendedores viajeros
y predican o actúan e instalan su negocio
en dios o en la taquilla de un teatro de provincia.
Ningún Misterio: trucos de lenguaje.
Discursos, oraciones, juegos de sobremesa
todas estas cositas por las que vamos tirando.

Si se ha de escribir correctamente poesía
no estaría de más bajar un poco el tono
sin adoptar por ello un silencio monolítico
ni decidirse por la murmuración.
Es un pez o algo así lo que esperamos pescar
algo de vida, rápido, que se confunde con la sombra

FIGURES OF SPEECH

Giddy equilibrium of the ink and blood
that you ought to maintain from line to line
under pain of tearing the papers of the soul.
Death, madness, and dream are so many other pieces
of marble or horn or whatever it'll be,
the important thing is to play them in the checkered garden
in the same way as the pawn who dances with the queen
isn't pardoned for the least wrong move.

Those who insist on calling things by their names
as if they were clear and simple
cover them simply with new ornaments.
They do not express things, they dig around in the dictionary,
they render language more and more useless,
they call things by their names and those answer to their names
but they undress themselves before us in the dark.

Save for honorable exceptions there are no great poets
who may not appear as traveling salesmen
and preach or perform or set up their business
in god at the box office of a provincial theater.
No Mystery: linguistic tricks.
Discourses, orations, after-dinner entertainments,
all these little things we welcome by pushing and pulling.

If poetry is to be written right
it wouldn't be bad to lower the tone a bit
but not to adopt for that purpose a monolithic hush
nor to decide in favor of slander.
It is a fish or some such thing we hope to catch
something alive, quick, confused with the shadow

y no la sombra misma ni el Leviatán entero.
Es algo que merezca recordarse
por alguna razón parecida a la nada
pero que no es la nada ni el Leviatán entero
ni exactamente un zapato ni una dentadura postiza.

FIGURES OF SPEECH

and not the shadow itself nor an entire Leviathan.
It is something that may be worth remembering
for some reason next to nothing
but neither nothing nor an entire Leviathan
nor exactly a shoe nor a set of false teeth.

ÉPOCA DEL DATO

Nadie le niega a la poesía el derecho de creerse la muerte o la
 naturaleza o el amor
única depositaria de los temas eternos
Lo que yo me atrevo a pensar es que no queremos ser engañados
por esas informaciones alevosamente incompletas
pues si los ángeles existieran
otras serían sus reglas del juego
y no dejarían huellas del amor en la escritura
que es siempre la señal de una insatisfacción
y el módico resultado de una búsqueda
que en el mejor de los casos empieza con ella
pero la muerte también es un dato
en la Época del Dato algo tan concreto
como inaccesible para quien la sondea
una hipótesis de trabajo y la información hace falta.
Por otra parte somos la naturaleza
poetizarla es incurrir en un error de perspectiva
algo así como ver doble bajo los efectos del alcohol
Finalmente no somos poetas religiosos
ni amamos la palabra por sus significados ocultos
frente a los cuales la palabra
resulta por definición impotente
En lugar de unir, separamos
La separación y la información se confunden
y el dato es todo lo contrario de Dios.

AGE OF DATA

No one denies poetry the right to believe itself terrific
       or nature or love
sole repository of the eternal themes
What I dare consider is that we don't want to be tricked
by that treacherously deficient information
since if any angels should exist
their rules of the game would be different
and they wouldn't leave love tracks in the writing
which is ever the sign of dissatisfaction
and the moderate result of a search
that in the best of cases begins with itself
but death is also a datum
in the Age of Data something so concrete
yet so inaccessible for any who would fathom it
a working hypothesis lacking the facts.
On the other hand we ourselves are nature
to poetize it is to incur an error in perspective
sort of like seeing double when under the effects
Finally we aren't religious poets
nor do we love the word for its hidden meanings
in the presence of whom the word
by definition ends up impotent
Instead of joining, we separate
Separation and information are confounded
and data is just the opposite of God.

FIGURAS DE PALABRAS

LITERATURA

Cuando me encuentro con otros escritores
no hacemos más que hablar como buenos o malos funcionarios
de la Literatura: a uno lo publica
Siglo XX, y a otro, como a mí, Centro Editor
no le pagará nunca sus derechos de autor; cuando me encuentro
con la Literatura no me saco el sombrero, quiero a mis amigos
pero ninguno de nosotros llegará muy lejos: más acá del horizonte
donde brillan quienes llamaría un imbécil
los astros de primera magnitud.
Cuando me encuentro con los astros de primera magnitud
y esos pavos reales brillan con la debida discreción
yo los invitaría a vomitar, porque escribir también como ellos
es ejercer el oficio más blando. Cuando me encuentro conmigo mismo
frente al papel en blanco pienso en pavos reales
y trato al menos de no ser brillante, pero escribo
en la medida en que odio a la literatura,
y a los autores jóvenes me gustaría gritarles
basta de farsas, ustedes entrarán también en el negocio
porque la literatura es el oficio más blando
también para quienes lo practican con odio. Miren cómo se eclipsa
un astro de primera magnitud y no pongan, en cambio
por ustedes mismos las manos al fuego Nadie ha dejado aquí
      de cumplir con su deber
salvo unos cuantos tipos repugnantes, y él que brilló
      hasta extenuarse y desplumarse
mientras a pesar suyo esos gritos de protesta,
      necesariamente bien articulados
y qué, acaso ¿era el vacío su auditor? regresaban
a sus despensas convertidos en artículos de consumo
por aquellos a quienes se dirigían esos gritos

LITERATURE

When I find myself around other writers
we do little more than speak like good or bad functionaries
of Literature: one has been published
by 21st Century Books, and another, like me, the Chief Editor
will never pay him for his copyright; when I run into
Literature I don't doff my hat, I like my friends
but not one of us will get very far: nearer the horizon
where those shine who an imbecile would label
stars of the first order of magnitude.
When I run across such stars of the first order
and those peacocks shine with the necessary prudence
I'd like to invite them to puke, because writing as well as they
is to perform the blandest task. When I come upon myself
facing the empty page I think of peacocks
and try at least not to show off, but I write
to the extent of my hatred of literature,
and to young authors I would like to yell
cut it with the farce, you too will enter the business
because literature is the softest of jobs
even for those who can't stand its work. Look how one
star of the first magnitude is eclipsed and don't turn around
and stick your hands in the fire Nobody has managed
        to do his duty
except for a couple of repugnant types, and he who shone
        stretched out and plucked
while against his will shouts of protest,
        necessarily well articulated
and what, perhaps the void was his audience? they returned
to their pantries converted into consumer goods
by those for whom those shouts were meant

gente laboriosa en su ociosidad y pacientes
y por lo mismo, los únicos amantes
de la belleza, la gata del Olimpo.
Las siete vidas del poeta bastan y sobran
para convertir a un terrorista en un hombre de orden
        pero la Literatura
es de por sí contrario de un verdadero escándalo
a lo sumo una buena inversión de la historia
para los raros momentos en que se repliega la barbarie
y el heroísmo de la oposición deja de ser sobreestimado
los espíritus sensibles brotan entonces como hongos
conmovidos por el testimonio de los tiempos oscuros.

FIGURES OF SPEECH

industrious people in their idleness and afflictions
and for that reason, the only lovers
of beauty, the Olympian cat.
The seven lives of the poet are enough and more
to turn a terrorist into a regular guy
       but Literature
is all the same the reverse of an actual scandal
at the most a good investment in history
for those rare moments when barbarity doubles back
and heroism in opposition stops being overly esteemed
sensitive souls sprout then like mushrooms
moved by the testimony of shadowy times.

POR FUERZA MAYOR

Espero que estos poemas hayan sido escritos
por fuerza mayor, con las insuficiencias del caso.
Pude haber fracasado, pero no me perdonaría
si lo hubiera hecho más allá de los límites
de una cierta sinceridad que incluso le está permitida a las palabras;
y pocas veces creí pudiera reescribir una tan vieja expresión
así, de una manera natural.
Veo declinar un verano donde por fin existió
y hay el nudo de ella en mi garganta
que nunca aspiró al canto pero tampoco a la fría especulación.
Las exageraciones me parecen justificables, en realidad
        vivimos con ellas, cada cual a su manera
así como se muere de los excesos del sentido común.
El mar y el sol, por ejemplo, son naturalmente exagerados
o si se quiere: retóricos
mientras que de locos razonantes tenemos ya
        la más peligrosa abundancia
Luego todos los artificios del lenguaje
—y el lenguaje mismo es el primero de ellos—
quisieron ponerse aquí al servicio de la poesía
que no es ni artificial ni natural;
tierra de nadie a lo mejor pero un lugar común
        en que esos polos se tocan
y en el mejor de los casos por fuerza mayor.

FIGURES OF SPEECH

BY AN UNCONTROLLABLE FORCE

I hope these poems have been written
by an uncontrollable force, with the inadequacies of such a case.
I may have botched them, but will not forgive
myself if I have done so beyond the bounds
of a certain sincerity that even the words are permitted;
and seldom did I believe I could write in such a dated manner
as this, naturally.
I see a summer fade where it finally existed
and its knot is now in my throat
that never aspired to song yet neither to cold speculation.
Overstatements strike me as justified, in truth
        we live by them, each in his way
just as one can die of an excess of common sense.
Sea and sun, for instance, are naturally exaggerated
or if one wishes: rhetorical
while of the logical mad we already have
        the most perilous supply.
Soon all the tricks of language
—and language itself is the original artifice—
wanted to place themselves here at the service
of a poetry that's neither artificial nor natural;
a no-man's land it may be but a familiar spot
        where those poles have come to touch
and in the best of cases by an uncontrollable force.

UN MUNDO DE PERSONAS QUE YO IGNORO

Un mundo de personas que yo ignoro
como me reconozco en la ignorancia
que ellas tienen de mí con su abundancia
de igualdades me igualan: canto en coro.

Sus voces son las que repito: un loro
inigualable por la resonancia
con que pela su grito, la distancia
así rasgada por un pico de oro.

Privilegiado pájaro de cuenta
y tantos cuentos, que no canta y cuenta
entre los cuasi monstruos naturales;

emblema o no, pero de la violenta
inclinación humana representa
lo mismo: el loco de los animales.

A WORLD OF PERSONS THAT I DO NOT KNOW

A world of persons that I do not know
as I recognize myself in their ignorance
of me, they with their abundance
of likenesses equal me: I sing in chorus.

I repeat what their tongues have told:
an unmatched parrot by the resonance
of the scream he renders, the distance
ripped apart by his beak of gold.

Privileged big-shot who counts in the tale
and so many stories, sings not and figures
among those nearly natural monsters;

emblem or not, even so he still
stands for the same inclination so brutal
and human: mad one of all the creatures.

YO LE DIJE AL AUTOR DE ESTOS SONETOS

Yo le dije al autor de estos sonetos
que soy una camisa de once varas
gato de siete vidas y dos caras
nada que ver con rimas y cuartetos.

Informal, mis secretos son secretos
y no palabras ni palabras raras
de *estas* que cuestan poco y son tan caras
a un roedor de oscuros mamotretos.

Pero el tal, sordo y mudo, me escribía
con el hueco orejero de una mano
pegado al rastro de una borradura

sobre el desierto del papel que hervía
de mi cólera suya: andar en vano
detrás del propio ser sin su escritura.

FIGURES OF SPEECH

TO THE AUTHOR OF THESE SONNETS I SAID

To the author of these sonnets I said
I'm a cat with nine lives and two faces
nothing to do with rhymes and stanzas
I've gotten myself into over my head.

Informal, my secrets are secrets
and not words not certainly like *these*
so rarified costing little yet their expenses
exorbitant to a gnawer of obscure hefty texts.

But the guy, deaf and mute, wrote to me
with the cupped hollow of a hand
glued to the trail of an erasure

over the paper's desert that seethed
with my anger his own: to walk in vain
behind his very self minus his literature.

LOS APARENTES DÍAS DE VERANO

Los aparentes días de verano
que por la superficie del mar fluyen
y que como las nubes se diluyen
cuando no sopla el viento, en lo lejano

ni son hijas del tiempo cotidiano
ni de la eternidad de quienes le huyen
destemporalizándolo y arguyen
como si todo fuera, en vano, un vano.

Empozando los días con los días
la veraniega ociosidad nos mete
de cabeza en el fondo de una noria;

se nos olvidan las cronologías
y aquí abajo las cosas se entrometen
todas en la crueldad de la memoria.

SUMMER'S APPARENT DAYS

Summer's apparent days
that flow on the foil-surfaced sea
and dissolve as the clouds when free
from the puffing of wind, off there a ways

are neither sons of the daily phrase
nor of the eternity of those who flee
the temporal in timelessness and controversy
as if every door were a useless space.

Dumping the days in the days' deep pit
the sluggish summer thrusts us
headfirst down in the well;

chronology is a fact we soon forget
and any and everything here below butts
in with memory's meddling hell.

MAUSOLEO

Puerta de piedra de este mausoleo
imposible de abrir: una escultura
Muerte alienada a la literatura
que retorizas todo lo que veo.

El cementerio—abierto—es libro y leo
—una página cada sepultura
atroz de lapidaria—en mi lectura
el duro esfuerzo por cegar el feo

vacío del que todo forma parte.
La puerta burdamente metafórica
(esté abierta o cerrada da lo mismo)

es lo contrario de una obra de arte
cualquiera, con un poco de retórica
enmarca en ella el cielo o el abismo.

MAUSOLEUM

Stone door of this mausoleum
impossible to open: a sculpture
Death alienated to literature
you turn all I see into rhetorical rheum.

The cemetery—open—is a book I read tomb
by tomb—a page for each sepulcher
each atrocious lapidary structure—
my reading's hard task to wall the ugly womb

void of which all forms a part.
The door coarsely metaphoric
(let it be open or shut it's just the same)

is the opposite of a work of art
whichever, with a bit of rhetoric
encloses within it heaven or abysm.

QUE SERÍA DE MÍ SIN MIS PALABRAS

Que sería de mí sin mis palabras
sin mis pequeños signos de impotencia,
yo a quien ni tan siquiera la impaciencia
de una espera es posible. Mientras labras

tu ausencia aquí, a mi lado, sordamente
mudo a los menos yo no estoy: te escribo
y en el morir de la palabra arribo
al pasivo delirio en que demente

voy llenando este hueco que me haces
en carne propia con la tuya, el cuerpo
de una escritura que se te parece

y no se te parece, escrita yaces
hecha de nada en un cuaderno muerto
en el que mi palabra desfallece.

FIGURES OF SPEECH

WHAT WOULD I BE WITHOUT MY WORDS

What would I be without my words
without my tiny signs of impotence,
I for whom not even the impatience
of hope is possible. While you work

your absence here, at my side, deafly
mute I at least am not: you I write
and in the dying of the word arrive
at the passive frenzy in which dementedly

I go filling this hole that in my flesh
you make for me out of your own, the body
of a writing that so seems to have your look

and doesn't look like you, written you stretch
out made of nothing in a dead copybook
in which my word grows weak.

SUEÑO Y VARIACIONES

Me despierto a las cuatro de la mañana, no porque
los sueños—variaciones sobre tu persona—
sean exquisitamente intolerables; me ocurre, de otra
manera, lo que a Fernando de Herrera
a quien la imagen del ser querido encendía "un deseo
de gozar la belleza amada"
al punto de transformarse, al fin, en ella.

En mi sueño de transformista despierto convertido en ti
sobre excitado por esa transformación que no dura
más de unos segundos pero me desvela
y me arroja a la escritura, un modo
aunque insuficiente de prolongar el misterio:
la representación del otro por su ausencia
que encarna en la palabra.

DREAM AND VARIATIONS

   I awake at four in the morning, not because
        my dreams—variations on your self—
may be so exquisitely intolerable; it occurs to me
        in another way what came to Fernando de Herrera
whose image of his beloved burned in him "a desire
        to enjoy the beauty loved"
to the point of being transformed, in the end, into her.

   In my transformist dream I awake turned into you
overcharged by that change that lasts no
        longer than a few seconds but awakens me
and drives me to the writing, a means
though insufficient to prolong the mystery:
representation of the other by whose absence
is the word made flesh.

EL MURO DE LOS LAMENTOS

Culpable de un cuanto hay
y declarado trásfuga de todo
— "los poetas cultivan su neurosis"—
hora es de hacer examen de inconsciencia.

Quizá seas tan viejo como aquellos que peinan
sus canas prematuras o su calvicie: espejo
de algo más que los siete pecados capitales.

Haber perdido en esa vuelta todos
los caminos reales
por esta irrealidad de hacer poemas
que no llevan al cielo ni al infierno
sino a zarzas y espinas, a este campo
de tus concentraciones.

Culpable del silencio que rompes ¡para esto!
de la literatura en general
de los viajes que esperas hacer y que ya has hecho
de las mujeres por cuyo bien arrancas
a ojos de tu madre todopoderosa
a ojos de tu padre, que no lo es
a ojos, igualmente, de tu hermano
a ojos de tu hermana.

Y la cosa política
¿Qué no dirías tú de la masacre
si tu ángel de la guarda no soplara a tu oído:
mejor quedarse en cama

FIGURES OF SPEECH

THE WAILING WALL

Guilty of whatever there is
and accused fugitive of all
— "the poets cultivate their neuroses"—
the hour's come for non-conscience to take the test.

Maybe you're old like those who comb their
premature grays or their baldness: mirror
of something more than the seven deadly sins.

To have lost on this return all
the real roads
through this unreality of making poems
which carry neither to heaven nor hell
but rather to briars and brambles, this camp
of your concentrations.

Guilty of the silence you break—for this!
of literature in general
of the trips you wait to make and have already made
of the women for whose sake you run away
in the eyes of your almighty mother
in the eyes of your father, who isn't one
in the eyes, equally, of your brother
in the eyes of your sister.

And the political thing,
what wouldn't you say about the massacre
if your guardian angel didn't whisper in your ear:
it's better to stay in bed

a esta hora en que reclutan a los muertos
a los gloriosos a los lacerados?

¿Qué harías tú en el Apocalipsis?
Tienes todo el aspecto de la duda en persona.

Dulzura del osario
donde los que se abstienen en la hora final
se abstienen, con un último suspiro, de sí mismos.

Hazlo—te dice el ángel—y, deliciosamente te sonríe
una putita de mármol en el panteón familiar.

Te declaras culpable, la treta del oficio
y con tus manos de viejo
garrapateas otro poema en el muro de los lamentos.

FIGURES OF SPEECH

in this hour when the recruitment of the dead's begun
of the glorious ones of the lacerated?

What would you do at the Apocalypse?
How you look like doubt itself.

Sweetness of the charnel house
where those who abstain when the final hour arrives
abstain, with their very last breath, from themselves.

Do it up right—the angel say —and deliciously smiles at you
a little marble whore in the familiar pantheon.

You declare yourself guilty, a trick of the trade
and with your old man's hands
you scrawl one more poem on the wailing wall.

EL ARTE Y LA VIDA

ART AND LIFE

EL ARTE Y LA VIDA

Gente que gira alrededor de las piezas de museo
olvidadas de su condición de piezas de museo
y que parecen, pues, ignorar dónde están
The Metropolitan Museum of Art es una obra de arte
implementada por sus inodoros artísticos.

Somos obras de arte momentáneamente vivientes.

ART AND LIFE

People who circle around the museum pieces forgetful of their condition as museum pieces and who seem, well, not to know where they are The Metropolitan Museum of Art is a work of art made possible by its artistic toilets.

We are works of art momentarily alive.

EL ARTE Y LA VIDA

EL AMANECER 1809

  Pintar para Otto Runge
fue por años y años expurgar
de la muerte, el doble nacimiento
del planeta gemelo de sí mismo
Venus: la estrella vespertina y matutina
La virgen aria pura, calco de Boticelli
brota de un prado gótico
y a la recién nacida, el Gran Premio de la Luz
le ofrendan con sus gestos impostados
los jardineros ángeles de las rosas del día
que volados asperjan
de rosicler a la madona
ruborizada planetariamente
el río en llamas de la cabellera
llevado de unas ondas por los deditos rubios
cubre, al pasar, el montecillo
de Venus y sobre su cabeza
los precitados ángeles—es ahora el crepúsculo—
hijos recién paridos de la rosa de los vientos
dorada allá en lo alto ¿emblema de la virgen?
tomando asiento en sus amarilídeas
con no recuerdo qué instrumentos:
cítara y flauta, caramillo y trompeta
e ilustran un concierto que Otto proyectaba
ofrecer de verdad a los amantes
de El Amanecer, como música de fondo
Luego (si cabe, en pintura, esta palabra)
y para terminar, los angelitos
vuelven a los abrazos en los pétalos de un enorme narciso

ART AND LIFE

DAWN 1809

   Painting for Otto Runge
was year after year a purging
of death, the double birth
of his own twin planet
Venus: the evening and morning star
The virgin a pure aria, a tracing of Botticelli
sprouts from a gothic meadow
and to the recently born, the Grand Prize of Light
the gardeners angels of the day's roses
make an offering with their trained gestures
sprinkling in flight
the planetarily blushing Madonna
with a ruby-silver glow
as the river in flames of her tresses
carried on waves by little blonde fingers
cover, in passing, the mons
veneris and above her head
the hurried cherubs—it is now twilight—
babes recently delivered of the rose of the winds
gilded there on high emblem of the virgin?
taking a seat in their amaryllis
with I don't recall which instruments:
cittern and flute, flageolet and trumpet
and illustrate a concert that Otto intended
to offer truly to lovers
of Dawn, as background music
Soon (if, in painting, this word is fitting)
and for the finale, the little angels
return to the embraces of the petals of a huge narcissus

que toma los colores dorados del azul
Porque ahora es de noche
y la noche es de niña, ésa en que se convierte
coronada de otras estrellas, la señora
del firmamento: dulce, infatigable.

that takes on the heavens' golden hues
Because now it is night
and night is a girl child, the one crowned
with other stars, the lady
of the firmament: sweet, unwearied.

J.M.W. TURNER (1775-1851)

¿Quién se baña dos veces en el mismo río?
Se lo preguntó Turner pintando el río Tweed
y su respuesta fue el globo de la luz
dividido entre el agua y los fuegos solares:
el paso de la luz al fuego y a las aguas.
Este descubrimiento lo alejó de la tierra
como pintor, al menos, Venecia lo esperaba
pero estuvo aprendiéndola durante años y años
pintó primeramente los combates navales
dignos de la Academia
se distinguió en escenas alegóricas:
visiones de Jacob o de Medea
hizo sus inventarios en el Foro Romano
rememorando a Tito, fue teatral
hasta lo explícito, pero siempre atisbó
a través de esos actos finales su Principio:
en la declinación de Cartago el ascenso
de Turner, el maestro de la puesta de sol
cuya belleza atrae a los monstruos marinos.
Lo instantáneo, el momento que abrasa las sustancias
y sólo deja el rescoldo del Ser
ese incendio que viene de las nubes y el viento
y quema—desdoblado en las aguas—su imagen.

ART AND LIFE

J.M.W. TURNER (1775-1851)

Who bathes twice in the same river?
Turner asked himself on painting the River Tweed
and his answer was the sphere of light
divided between water and solar fires:
the passing of light into fire and waters.
This discovery distanced him from land,
as a painter at least. Venice awaited him
but he was learning it for years and years
first he painted naval engagements
worthy of the Academy
distinguished himself in allegorical scenes:
visions of Jacob or Medea
made his inventories in the Roman Forum
recalling Tito, was theatrical
down to the explicit, but always saw
his Beginning by means of those final acts:
in the decline of Carthage the rise
of Turner, master of the setting sun
whose beauty allures the sea monsters.
The instantaneous, the moment that consumes the substance
and leaves only the embers of Being
that conflagration that comes from clouds and wind
and—unfolded upon the waters—burns its image.

EL ARTE Y LA VIDA

OLANA I

Mister Frederick Church, pintor del río Hudson,
    se hizo construir (y era un naturalista
romántico: observador de las lejanías fluviales)
un palacio inventado por su visión del Oriente y un
    lago artificial
que le ofrecía *in vivo* el modelo de las aguas rizadas
por el viento o pasmadas en el hervor del crepúsculo
rojas y verdes.

Ese paradójico millonario remoto, perdido ya en
    sus "décadas oscuras"
desvió un automóvil de la carretera
— we are beating around the bush—
Una mujer y un hombre, que se habían conocido sólo
    unas horas antes
bajaron formalmente del carro
para contemplar esa excentricidad otoñal
el paraíso artificial de míster Church
con una curiosidad a la vez aparente y verdadera.

El invierno del Hudson resplandecía a lo lejos con
    una luz de ópalo
el frío era exquisito
y el monumento participaba de esa vivacidad
aunque pareciera, en su formalismo excéntrico, no
    más que una sombra petrificada del pasado con
arcos y minaretes pintorescos.

El hombre y la mujer se tomaron de la mano mientras
    hablaban de otra cosa

ART AND LIFE

OLANA I

   Mister Frederick Church, painter of the Hudson River,
        decided to construct (and he was a naturalist of
the romantic school: observer of the fluvial distances)
a palace invented by his vision of the Orient and
        an artificial lake
that offered him a living model of waters rippled
by the wind or stunning in the fire of sunset's
reds and greens.

   That paradoxical millionaire of the past, now lost
        in his "dark decades"
turned an automobile off the highway
—we are beating around the bush—
A woman and a man, who had only met
        a few hours before
got out of the car in a formal way
to contemplate that autumnal eccentricity
the fake heaven of Mister Church
with a curiosity both apparent and real.

   The Hudson winter glistened remotely with
        an opal light
the cold was exquisite
and the monument partook of that vivacity
though it seemed, in its eccentric formalism, no more
        than a petrified shadow of the past with
picturesque arches and minarets.

   The man and woman held hands while talking
        of something else.

EL ARTE Y LA VIDA

Sintieron que ese pequeño contacto otoñal los redimía
 de las *elusiones*
ofreciéndoles, por fin, un buen motivo de conversación
que no los desviara de lo esencial en el tema
Pudieron presentir que el invierno no sería nunca la
 estación helada

ART AND LIFE

They felt that small autumnal contact healed them
>of their *evasions*
offering them, at last, a good excuse for conversation
that would not divert them from what was essential in the theme
They had a premonition that winter would never be
>the cold season

OLANA II

   Nuestro lugar en las alturas
se encuentra bajo el nivel de la cama, en un improvisado lecho nupcial
sobre el que transita la luna envuelta en una rejilla
       contra los mosquitos, su traje de piqué y tules
eternamente implicada en todos los excesos.

   Pernoctamos en la otra cara, oscura, de Olana:
       nuestro lugar aquí abajo
en las antípodas de ese simulacro de castillo medieval:
       fortaleza anglosajona de la férrea vida doméstica
en la época del romanticismo y sus ensueños de piedra
asentados en la colina, empinados hacia la luna.

   Comparada con la mansión del maestro del Hudson
       (una mirada aquilina planeando sobre las colinas y el río)
la nuestra no es ni siquiera parte del sitio provisional
     en que se extiende
nuestro lugar en las profundidades
  La Olana en que perpetramos esta vigila bajo la luna
     es de nada
sus piedras brotan de una cantera de palabras
material que recortamos con el aliento, mientras más
       vivo menos lapidario.

   El mirador en la torre señera—sinécdoque del pintor—
     en el caso de nuestra Olana
—la ciega—se erecta y busca, como un gato fatigado
      por el sol, el éxtasis en la sombra
de la casa que formamos de entrambos cuerpos, la vagina
     es el living

ART AND LIFE

OLANA II

  Our place in the heights
is found below bed level, in an improvised nuptial couch
over which the moon journeys wrapped in a net against
        the mosquitoes, dressed in quilting and mesh
eternally entangled in every excess.

  We pass the night in the other, dark face of Olana:
        our place here below
at the antipodes of that simulated medieval castle:
        Anglo-Saxon fortress of the iron domestic life
in the age of romanticism and its rock-like dreams
seated on the hill, lifted moonward.

  Compared with the mansion of the Hudson master
        (an aquiline look gliding over the hills and river)
our own is not even part of the provisional
        site in which
our place extends itself into the depths
  The Olana where we carry on this vigil beneath the moon
        is nothing much
its rocks sprout from a quarry of words
a material we chip off with our breaths, when more
        vivid less lapidary.

  The balcony on the solitary tower—synecdoche of
        the painter—in the case of our Olana
—the blind one—grows erect and seeks, as a cat wearied
        by the sun, ecstasy in the shade
of the house we build between our bodies, the vagina
        the living room

EL ARTE Y LA VIDA

que en la histórica Olana se abre a todos los aposentos
    de la casa y en ti, a todos los poros del cuerpo
que tienen en común nuestros cuerpos comunicantes.

And we are closed: si se nos pudiera visitar de aquí
    a cien años como a una dudosa obra de arte,
    "nuestro lugar en las alturas" sería como
si al entrar, ayer, en la casa de Church, entre otros
    visitantes, ese monumento pasto de las descripciones
descriptible por su exterioridad, hubiera
    podido reprimir
la cháchara de los guías, penetrando a su vez en
    nosotros, los visitantes

Como si—incomparables con esas palabras: la cháchara
    del guía—se hubieran reanimado en el interior
    de nosotros todos los miembros de una vieja familia:
pulsiones y pálpitos.

  En Olana, nuestro lugar en las profundidades
los guías son las bocas son las manos
de una casa balanceada en el movimiento
imperceptible del río
porque nos comportamos mutuamente como ondas,
    barcas, peces
entretejidos entre sí y entretejidos con la corriente
como náufragos liberados del terror de ese único instante
en que coincidirían la asfixia y el orgasmo
el chapoteo, el burbujeo, el restallido cálido de un
    agua casi quieta
contra el flanco de una vela que se desplaza
amorosamente ceñido por el agua

ART AND LIFE

which in the historic Olana opens to every part of the house
        and in you, to all the body's pores
which have in common our communicant limbs.

And we are closed: were we a hundred years from now
        to be visited like a dubious work of art,
          "our place in the heights" would be as if
on entering, yesterday, the home of Church,
        among other visitors, that excessive monument of the
description describable by its outward appearance, had been
        able to repress
the chit-chat of the guides, in turn sinking into
        us, the sightseers

As if—no match for those words: the chit-chat
        of the guides—within us two all the members of an
        old family had been revived:
sensations and throbs.

  At Olana, our place in the depths
the guides are the hands are the mouths
of a house rocked on the river
moving imperceptibly
since we share our mutual selves as waves,
        boats, fishes
interwoven among themselves and with the current
like shipwreck victims freed from the fear of that single instant
in which suffocation and orgasm would coincide
the splash, the bubbling, the warm smack of a
        water all but still
against the flank of a sailboat displaced
lovingly by water holds it by the waste

EL ARTE Y LA VIDA

Y las palabras se desmoronan en el gemido y en el balbuceo
Lamen el flanco, lo succionan, lo palmotean, lo varan.

Se despidieron las visitas *casi* para siempre. Desaparecieron,
en verdad, todos los visitantes
porque lo que hacemos en nuestro lugar de las profundidades
ni es de público dominio ni pertenece
estrictamente a la intimidad donde cada cual es del
dominio—en el recuerdo—y vivamente de
otros, en separados y lejanos Olanas.

El olvido de la memoria se hace necesario para
ascender desde este lugar: la deconstrucción
del pasado y del futuro que ceden a la presión de estas
horas en que el presente se ensancha
y parece no fluir como el río allá, visto desde nuestro
lugar en las alturas
—el de los otros—¡Olana!

ART AND LIFE

   And the words crumble in the moaning and in the muttering
They lap the flank, suck it, clap it, run it ashore.

   The visitors said farewell *almost* forever. Indeed,
       all the sightseers disappeared
because what we do in our place of the depths
is neither under public control nor belongs
strictly to the intimacy where each is
       the domain—in memory—and vividly of
       others, in separate and distant Olanas.

   Forgetting the memory is made necessary
       to ascend from this place: the deconstruction
of past and future that surrender to the pressure of
       these hours in which the present expands
and appears not to flow as the river there, seen from our
       place in the heights
—the one of the others—Olana!

EL ARTE Y LA VIDA

KANDINSKY 1904

La relación de unas cosas con otras
iba borrando, poco a poco, las cosas
Versos sin palabras
Formas sin figuras.

No bien partía un barco de oro de la orilla
cuando ya no era orilla ni barco ni partía.

ART AND LIFE

KANDINSKY 1904

The relation of some things to others
was, little by little, erasing things
Poems without words
Forms without figures.

Hardly had a ship of gold left the shore
than already there was no shore no ship no departure.

WOMAN BATHING IN A SHALLOW TUB

Desnudar al desnudo
fue lo que hizo Degas
Venus Anadiomena que paseaba su triunfo
de óleo en óleo por los Salones Oficiales
sintió que ese maestro de los malos modales
descorría el telón lindamente pintado
de su cuerpo, negándole la propiedad de ser
Alcanzó a ver con horror mientras sus ojos
se descorrían
el nacimiento de Venus en una bañera:
algo muy diferente al excitante pudor
de la pose en que un cuerpo
y la ansiedad del voyeur se responden:
son una cita uno de la otra
Lo que el cuerpo tiene de ciego y que se espesa
cuando se lo sorprende por el ojo
de la cerradura
eso vio por el ojo de Degas, la ofendida:
una burguesa que se lavaba groseramente los pies.

ART AND LIFE

WOMAN BATHING IN A SHALLOW TUB

Undress the nude
was what Degas did
Venus Anadiomena who was promenading her triumph
from painting to painting through the Official Salons
felt that that master of bad manners
drew the beautifully painted curtain
from her body, denying to her her proper being
She watched with horror as his eyes
were drawing
the birth of Venus in a bathtub:
something quite different from the stirring modesty
of the pose in which a body
and the longing of the voyeur respond to one another:
they are an appointment of one with the other
That which the body blindly has and which thickens
when it's caught through the eye
of the keyhole
that was what she, the offended, saw through the eye of Degas:
a middleclass woman grossly washing her feet.

EL ARTE Y LA VIDA

MONET'S YEARS AT GIVERNY

No es muy clara la cara de Monet
flota bajo el sombrero—una sombra con barbas—y los
    binoculares le licúan los ojos
horrorizados de perder su acuidad
a la hora de pintarlo todo de más oscuro.
Pero así ocurre sólo en 1926
momentos antes tiene aún setenta años. Sus retratos lo
    muestran desigual a sí mismo
abriéndonos la puerta de su finca
más bien como un cartero que lo hace suavemente desde afuera
con su vientre familiar o parecido
al vecino anónimo que visita a Monet:
el maestro parece ignorar en sí mismo la obra sólida
y perdurable, consagrada en 1890 a los museos:
desconstruido aspecto rural de propietario en Giverny.
Sigue el ejemplo de sus árboles: el crecimiento en la vejez,
    porque el tiempo
lejos de enajenarse en la eternidad de sí mismo
es con Monet—el manchado de sombras luminosas—
lo que por ese entonces se llamó *la duración*:
el esparcirse fecundante del tiempo en las cosas como en las
    tierras en barbecho las aguas de regadío
eternidad de momentos que se reiteran nunca iguales, el
    trepar de las rosas silvestres
por los arcos que se abren a la laguna
    —The flowering arches beside the pond—
y sobre ella, en el escenario del aire, la actuación
luminosa y patética de la wisteria,
flor de la pluma.

ART AND LIFE

MONET'S YEARS AT GIVERNY

The face of Monet is not very clear:
it floats beneath his hat—a shadow with beard—and the
      binoculars liquefy his eyes
horrified to lose their acuteness
in the hour of painting it all still darker.
But then this only happens in 1926
moments before he has even turned seventy. His portraits
      show him unlike himself
opening the door for us to his country place
more like a postman who does it softly from outside
with his typical paunch or like
the anonymous neighbor who visits Monet:
the master seems in himself unaware of his solid
and enduring work, consecrated at the museums in 1890:
the deconstructed country look of a landowner in Giverny.
He follows the example of his trees: growth in old age,
      because time
far from keeping to itself in its own eternity
is with Monet—the stain of luminous shadows—
what for those days was referred to as *the duration*:
the fertile dispersal of time in things as in the fallow fields
      the waters of irrigation
eternal moments never repeated the same, the climbing
      of wild roses
on arches opening on the lagoon beyond
—The flowering arches beside the pond—
and on the lagoon, on the stage of air, the brilliant
and moving performance of the wisteria,
the plume-like flower.

EL ARTE Y LA VIDA

El señor cambiante que camina hacia su obra maestra
The water lily pond, bajo las enredaderas de Virginia
entre los parterres de lilas y de rosas
se propone pasar a una posteridad momentánea
No está abstraído en sí mismo
como en la captación de su propia alma los paisajistas de la
    vieja escuela
sino más bien atento a una profundidad exterior:
el agua invisible que rescatará de las aguas
para lo cual construyó hacia 1901
el Taller Número Tres: arca y represa y Arca de la Alianza
entre lo invisible y lo visible
La naturaleza y la pintura se hacen entre sí signos de equivalencia
en la misma medida en que ya no son intercambiables
A través de esa juntura divisoria
pasa de un lado al otro la mano del mago
trabajos simples como los de un buen jardinero
pero a un tiempo trucos increíbles:
hace brillar el efecto de la luz sobre la naturalidad
artificiosa de unas parvas de paja
que no pueden ser (pero lo son) imaginarias
El paso inmóvil de las estaciones
vigiladas por esos ojos cambiantes bajo el sombrero de paja
    deshecho
Ojos que serían los de un búho si la sabiduría supiera limitarse
prudentemente a verificar sus impresiones
a la luz del sol.

El señor de unos momentos después es por ahora—después—
    el señor de los lotos en la flor de su edad
avanzando hacia el doble vivero
de aguas pintadas y de aguas reales

ART AND LIFE

The changing man who walks toward his masterpiece
The Water Lily Pond, beneath the Virginia creeper
between the beds of lilies and roses
proposes to pass any moment into posterity
He is not absorbed in himself
as the landscape artists of the old school were in capturing
        their very souls
but attentive rather to an exterior profundity:
the invisible water that he will rescue from the waters
for which he constructed around 1901
Workshop Number Three: reservoir and dam and Ark of the Alliance
between the unseen and the seen
Nature and paint make between them signs of equivalence
to the same extent as they no longer are interchangeable
By means of that dividing juncture
the hand of the magician performs from one to the other
simple tasks like those of a good gardener
but at the same time incredible tricks:
the effect of light made to shine
over the artificial naturalness of haystacks
that cannot be (yet are) imaginary
The unmoving passage of the seasons
watched over by those changing eyes beneath the battered
        straw hat
Eyes that would be those of an owl if wisdom knew how to limit itself
to judicious verification of his impressions
by the light of day.

The man of some moments later is for now—later—
        the man of the lotus in the flower of his age
advancing toward the double pond
of painted waters and of actual waters

dueño de una propiedad de la que se alimenta el regalo de su
    obra extraterritorial
Cada día el inventario inagotable de lo que para disminuirlo
    llamaron sus impresiones
una riqueza imposible de evaluar pero no por ello menos
    amasada
en el espacio de dos o tres acres de tierra.

ART AND LIFE

owner of a property that nourishes the gift of his
    extraterritorial work
Each day the endless inventory of what in order to diminish it
    they called his impressions
an opulence impossible to appraise but not for that reason
    any less well arranged
in the space of two or three acres of land.

VILLA CÁNCER

Su nueva casa no es todavía la muerte pero tampoco comunica
          ya por ningún poro con el exterior
—puertas y ventanas dibujadas por Francis Bacon—
Villa Cáncer
de acero inoxidable
aislada del más mínimo grano de tierra por la barrera del dolor.
La vida es, mientras dura, infranqueable:
ese poco de tierra ausente y húmeda que representa su madre
          para ella
la compañía que se prefiere con desesperación
entre morfina y morfina.

La muerte que a un lado y otro del presente eterno
sólo puede anunciarse pero no llegar en el tiempo
ni abrir una puerta
ni una ventana pintada por Bacon.
Sólo mi mamá puede infiltrar su sombra en esa casa de acero
Sentar su ausencia desesperada junto a la eternidad de la agonía
—Lying figure with hypodermic syringe—
figuras separadas por un espejo en el que no se sabe cuál de
          las dos es
la imagen proyectada
desde el exterior de esa escena horrorosamente interior.

CANCER VILLA

Her new home is not yet death but neither does it now
        communicate with the outside through any pore
—doors and windows drawn by Francis Bacon—
Cancer Villa
of stainless steel
separated from the least particle of earth by the barrier of pain.
Life is, while it lasts, impassable:
that bit of absent and humid earth that for her represents her
        mother
whose company she desperately prefers
between morphine and morphine.

Death on one side and the other of the eternal present
can only announce itself but not come into time
neither open a door where none exists
nor a window painted by Bacon.
Only my mother's shadow can pass through that house of steel
to seat her desperate absence beside the eternity of agony
—Lying figure with hypodermic syringe—
figures separated by a mirror where it isn't known which
        of the two is
the image projected
from the outside of that horrifyingly interior scene.

EL ARTE Y LA VIDA

PARA ADRIANA

  Te recuerdo
de espaldas al East River (Naciones Unidas, comedor
      colectivo) y pienso
que si ha pasado de extraña manera tanto tiempo se debe
a que la Utopía es acrónica e intemporal
—así fuera de allí—el río del tiempo
Nuestra asociación se la debemos a Utopos:
participa de la antisustancia de una ciudad en que no hemos
      pernoctado
para vivir sino para soñar que nos encontramos en ella
  Esos días presentaron algunos
de los inevitables inconvenientes del presente
pero Taprobana se transparentaba en ello, fundiéndose, bajo
      la nieve
como en una campana de vidrio
con Manhattan en días de navidad y año nuevo
Tiempo congelado que no iba a venir pero que se deslizaba
      con la puntualidad espacial
de las horas en las novelas, y cálido
bajo una costra de hielo
  Dormíamos bien (ahora estoy constantemente despierto)
para no malgastar los días y las horas
Seguíamos, en esto, tu ajustada noción del tiempo
que yo habría podido arruinar, tomándolo
por una carrera de plazos
Te ceñías a él como el diseñador a un modelo
y no a la precipitación de algo oscuro y perturbador
que se repita desigual a sí mismo, formalizado por el rigor
de la ley que sonríe en las cajitas de Joseph Cornell
  En ellas una cuerda de reloj

ART AND LIFE

FOR ADRIANA

  I remember you
with your back turned to the East River (United Nations,
      collective dining room) and I think
that if so much time has passed in such a strange way it is due
to the fact that Utopia cannot be chronicled and is atemporal
—thus outside of there—the river of time
We owe our association to Nowhere:
it partakes of the anti-essence of a city where we have not
      spent the night
for living but for dreaming that in it we have come together
  Those days introduced a few
of the present's inevitable inconveniences
but ancient Ceylon showed through them, fusing itself, beneath
      the snow
as in a bell-shaped glass
with Manhattan during Christmas and New Year's day
Frozen time that was not to arrive but that slipped by with the
      special punctuality
of the hours in novels, and warm
beneath a scab of ice
  We slept well (now I am always awake)
not to waste the days and hours
We followed, in this, your adjusted notion of time
that I would have been able to spoil, by taking it
for speed racing
You fit yourself to it as the designer to a model
and not with the haste of something dark and disturbing
that is repeated unlike itself, formalized by the strictness
of the law that smiles in the little boxes of Joseph Cornell
In those a watch spring

EL ARTE Y LA VIDA

dedales e insectos, bolitas de vidrio
la copa quebrada
se reintroducen en la realidad, transfigurados en los
    elementos de algún sistema interplanetario
como en una oficina de objetos perdidos
para siempre desde el punto de vista de su identidad
Lo que pudo no ser más que detritus y, en el tiempo, fechas
inmemorables, fue datado en la eternidad de esas cajas
transfigurado en un efecto de joyas
algo que nos devuelve nuestra propia mirada
desde la otra orilla de la proporción
mínimamente enorme
en su eternidad momentánea
gracias a ti.

ART AND LIFE

thimbles and insect wings, small glass balls
the broken goblet
reenter reality, transformed into elements
    of some interplanetary system
as objects in a lost and found
forever from the point of view of their identity
What could not be any more than fragments and, in time,
un-rememberable dates, was reckoned in those boxes' eternity
transfigured as in a setting of jewels
something that returns to us our gaze
from the other shore of a sharing
minutely enormous
in its momentary timelessness
thanks to you.

MONSTRUO DE BROOKLYN

BROOKLYN MONSTER

MONSTRUO DE BROOKLYN

de ESCRITO EN CUBA

Así me veo en el mundo de la fragmentación como un
    clochard escarbando en el basural de las palabras
    en el basural de las cosas
con mi saco de alma a la espalda,
este monstruoso hongo que ha crecido a mis expensas esta
    joroba estos muñones de alas envueltos en trapos
    sucios embebidos de gangrena
que me cierra el acceso a lo real
que me cierra el acceso al mundo de la violencia.
No he colgado los hábitos de la poesía, pero lo sé demasiado
    bien: ella no lleva a ninguna parte, por
    eso los arrastro lejos del falansterio,
y no me burlo de lo que hago lo que hago es una burla de
    lo que hago:
versos de remiendo parches verbales costuras de palabras
    y montoncitos de lo que voy encontrando en la
    arena mientras vagabundeo con mi bastón de
    clavo para ensartarlo todo, estos restos que no
    se me disputan sobre los cuales ejerzo un
    imperio total, ilimitado y estéril.
Tierra de nadie soy uno de tus hijos ni el poeta de ayer
    ni el poeta futuro ni tampoco de los que se
    permiten el lujo de escapar a la
    "intolerable condición humana"
con el auxilio de la magia.
No me parece en suma que nada haya cambiado porque
    exista una diferencia entre la Alquimia del Ver-
    bo y la cocina francesa,
productos exquisitos de una vieja cultura.

from WRITTEN IN CUBA

So I see myself in this fragmented world a beggar
        scratching in the garbage heap of words
        in the trash of things
with this sack of the soul on my back,
this monstrous sore that has grown at my expense
        this hump these stumps of wings wrapped
        in filthy rags soaked with gangrene
that shut off my access to the real
that close me off from the violent world.
I have not hung up the habits of poetry, but I know them
        only too well: they carry nowhere, for that
        reason I will drag them far from the firing squad,
and I make no joke of what I do what I do is a joke on
        what I do:
verses mending verbal patches sewing of words and
        piles of whatever I run into in the sand
        as I wander with my nail-tipped cane for
        stitching it all, these remains that are
        not denied me over which I exercise
        complete control, boundless and sterile.
Nobody's land I am one of your sons neither the poet of
        yesterday nor the future poet nor even of those
        who are permitted the luxury of escaping to the
        "intolerable human condition"
with the help of magic.
It doesn't seem to me that in sum anything has changed
        just because a difference exists between the
        Alchemy of the Word and French cooking,
exquisite products of an outworn culture.

Pasó también el tiempo de los que prefirieron agonizar
 en los rincones más apartados del mundo:
 "Y otros, raza del fin, límite espiritual de la Hora muerta,
  vivimos en negación, descontento y desconsuelo."
Creo menos aún en algunos de los que vinieron después,
 entre nosotros, proclamando el periodo de la
 poesía armada;
helos allí, meciéndose en yate de lujo, a prudente
 distancia de la costa; meciéndose en esa célebre
 "ola de sueños" que la resaca ha convertido en
 un burbujeo distante como si el mar salivara
con sus trompetas.
Si las montañas de Jericó dependieran de esos ángeles ni
 una sola habría abierto en ellas un modesto
 agujero (está bien visto que sólo se las puede
 derrumbar a cañonazos)
A veces llega hasta aquí una ráfaga de música de cámara,
 o es que descorchan allá botellas de champaña
 bailan y ríen, vaya uno a saberlo,
y la célebre ola hace lo suyo: reventar.
¿Quién va a creer ahora los sueños liberen?

The time has also passed for those who preferred to agonize
        in the most distant corners of the earth:
"And others, race of extremity, spiritual limit of the dead
        Hour, we live in negation, discontent, and grief."
I believe even less in some of those who afterwards came
        among us, proclaiming the period of
        armed poetry;
they are there, rocking themselves on a pleasure yacht,
        at a safe remove from the shore; rocking
        themselves on that celebrated "wave of dreams"
        which the surf has converted to a far-off bubbling
as if the sea spat with its trumpets.
If the mountains of Jericho had depended on those angels
        not even a single bullet would have opened in them
        a modest hole (it is well noted that it is only possible
        to knock them down with cannon shots)
At times a snatch of chamber music reaches here,
        or they've uncorked champagne bottles
        laugh and dance, who would have thought,
and the celebrated wave does its thing: breaks.
Who is going to believe anymore that dreams can liberate?

MONSTRUO DE BROOKLYN

EUROPEOS

Esa gente se cree que somos transparentes
y para su tormento lejanamente salvajes
Orientan hacia nosotros sus pequeñas narices despectivas
en las que brilla algo así como el sentido de una culpa
ante sus propios excesos de curiosidad intelectual
sudan pero lo hacen por tropicalizarse
bajo ese sol un huevo recocido
y se muestran espléndidas aunque se trate de exhibir
    sus propias vísceras en la célebre mesa de
    operaciones
cosa que hacen con una técnica envidiable

Una película de Godard es después de todo una película de Godard
"El status esencialmente arbitrario de todo sistema lingüístico"
obliga a hablar con la boca cerrada
y a no decir nunca nada que no nos hagan decir
Las palabras son cosas o no son más que mensajes
pero, claro, también la antinovela es una mierda
Esas narices se orientan hacia las regiones devastadas
con un desesperado sentido del humor
Paternalizarían pero se sienten huérfanos
No pueden evitar que la sangre les llegue mezclada
    al olor del cloroformo
Cloroformizan todo lo que huelen
reducen el dolor a la imagen del dolor
No es la realidad es su descripción la que aparece ante su vista
y eso cambia a cada nuevo enfoque
según la mayor o menor habilidad del que toma la película

EUROPEANS

Those people believe we can be seen through
and for their torment are remotely savages
They turn toward us their small snubbing noses
on which shine something like the sense of a fault
under whose own excesses of intellectual inquisitiveness
they sweat but do so to cultivate a tropical look
beneath that sun a well-cooked egg
and show themselves to be splendid even if it call for
    exhibiting their very insides on the celebrated
    operating table
a thing they do with an enviable technique

A film of Godard is after all a film by Godard
"The status essentially arbitrary of every linguistic system"
makes it necessary to speak with the mouth shut
and not to say anything ever they don't make us say
Words are things or are no more than messages
but, sure, the anti-novel is shit as well
Those noses turn toward the ravaged regions
with a desperate sense of humor
They would be paternal but feel themselves to be orphans
Are unable to avoid the way the blood reaches them mixed
    with an odor of chloroform
They chloroform everything they smell
reduce pain to an image of pain
Not reality but its description appears to their sight
and that alters with each new focus
according to the greater or lesser ability of the one who's
    making the film

MONSTRUO DE BROOKLYN

A propósito de Godard me confieso equivocado
Cuánta habilidad y qué manera de echarle para adelante
sin concesiones a las profundidades por las que pasea
    un ojo clínico
a poco preciosista pero rápido y tenebroso
Esa gente esa dama francesa esas narices como
    antenas de dama y estiletes o radares
instrumentos de una extraordinaria precisión pero
    condenados por ahora al juego al ocio a la
    indagación,
hablo de ella que muy bien alimentada,
apetecible como un jamón crudo de ojos azules
me confió en momento de cordialidad que Europa estaba muerta
Todos estamos muertos—repetía—aunque sus
    grandes piernas gritaran lo contrario
y su nariz aleteara extasiada de trópico
con una modestia ocasionalmente ejemplar entre
    sus congéneres transatlánticos
despojada de los excesos de la curiosidad intelectual
    como ocurre por ley
cuando una mujer de cincuenta años viaja
sea francesa o no universalmente sola
Quiero decir qué destino histórico,
y parecía avergonzada de su humanitarismo de izquierda
por el que, con una técnica impecable, habría
    podido exhibir nobles sentimientos abstractos
    contra los cuales se retorcía graciosamente las manos
como una imagen patética de la Sexta República
    indecisa entre nacer o morir
Le dije a la Francia Eterna que no se diera por muerta
A la luz de las nuevas conquistas del marxismo
sus propios hijos, especialistas de fama internacional

BROOKLYN MONSTER

Apropos of Godard I confess that I'm wrong
How expert and what a way of pursuing
without yielding to the profundities through which a clinical
    eye wanders
a bit precious but quick and shadowy
Those people that French lady those noses like
    a lady's antennae and stilettos or radars
instruments of an extraordinary precision but
    condemned for now to play to diversion to
    inquiry,
I speak of her who very well fed,
tempting as a raw blue-eyed ham
confided in me in a moment of intimacy that Europe was dead
We're all dead—she repeated—even though her
    great legs shouted the opposite
and her nose flitted ecstatic over tropics
with a modesty occasionally exemplary among
    her transatlantic kind
stripped of the excesses of intellectual curiosity
    as ever happens
when a woman of fifty travels
universally alone be she French or not
I want to say what a historic fate,
and she seemed ashamed of her leftist humanitarianism
whereby, with an impeccable technique, she would have
    been able to exhibit noble abstract sentiments
    against which she charmingly wrung her hands
like a pathetic image of the Sixth Republic indecisive
    between being born or dying
I said to Eternal France not to give herself up for dead
In light of the new conquests of Marxism
her own sons, specialists internationally famous

MONSTRUO DE BROOKLYN

    etcétera, y tú—me dijo—qué me aconsejas
    Bueno—le dije yo—usted lo sabe muy bien
    el Tercer Mundo necesita de una publicidad adecuada
    y en eso porqué no eres más modesta y te decides
        a aportar tu granito de arena
    Luego, como yo no era el elegido, la Dama de las
        Camelias se me escapó de las manos
    como a un torpe el montón de manzanas en que
        apoya distraídamente el codo.

Esa gente se cree la muerte
Hasta para morir lo hace en el espejo ante las cámaras
Necesita ver necesita que la vean
No es la realidad la que tiene un sentido
sino quizá su imagen, su forma o su antiforma
Esas narices atraviesan un témpano con la mayor
Naturalidad atraídas por el sol de los incomprensibles países
en que todavía existen los fotógrafos ambulantes
        y hasta se adora una vaca
o se lucha a muerte en la montaña recién desacralizada
un monumento crudo ni romántico ni gótico
Saben tanto de nosotros como nosotros de ellos
pero aman la libertad y recuerdan la barbarie

BROOKLYN MONSTER

etcetera, and you—she said to me –what do you advise
Okay—I said to her—you know very well
the Third World needs adequate publicity
and on that count why aren't you more modest come on and
    contribute your grain of sand
Later, as I wasn't the chosen one, the Lady of the
    Camellias slipped through my fingers
like a pile of apples on which a clumsy fellow unconsciously
    rests his elbow.

Those people believe they're it
Even in dying they do it before a mirror in front of the cameras
They need to see they need to be seen
It's not reality that's meaningful
but perhaps its image, its form or its anti-form
Those noses cross an ice floe with the greatest of
Ease attracted by the sun of incomprehensible countries
where the traveling photographers still exist
    and even a cow is worshipped
or a fight is to the death on a mountain recently desecrated
a crude monument neither romantic nor gothic
They know as much about us as we about them
but they love liberty and remember barbarism

MONSTRUO DE BROOKLYN

PARA RIGAS KAPPATOS

In memoriam de su gato, Athinulis, este poema
escrito en vida del animalito.

El amigo Athinulis, anciano de doce años
vive nerviosa, parsimoniosamente no en una calle del East Village,
porque sus ojos fluorescentes no han visto nunca 10 E. 15 Street,
ni en una casa que forma parte de su ignorancia tan
esmerada como una educación.
Su movilidad y su conciencia abarcan exactamente
como si él fuera el cuerpo y el espacio sus vísceras:
el apartamento 2 D y los movimientos de su dueño nuestro amigo
    Rigas Kappatos
quien para no intranquilizar a su viejo *room mate*
conserva la calma aprendida a modo de exorcismo
contra las veleidades del mar, en sus largas travesías entre el
    Pireo y el mundo
—marino y poeta—
un hombre que habría cultivado esa difícil adquisición:
    la tranquilidad
como aprendiz de lenguas en la torre de Babel.

Pero Athinulis, que en otra ciudad menos celosa de sus
    animales domésticos
    habría podido ser verdaderamente un gato
necesita como un adicto de su droga más que un mar en calma,
    un mar de calma
Padece—lo dijo Valéry de Rilke—de una familiaridad excesiva
    con el silencio
y, por su parte, con la inmovilidad

BROOKLYN MONSTER

FOR RIGAS KAPPATOS

> In memory of his cat Athinulis, this poem
> written when the little animal was still alive.

Friend Athinulis, old at twelve years of age
lives nervously, frugally not on a street in the East Village,
because his fluorescent eyes have never seen 10 E., 15th Street,
nor in a house that forms part of his ignorance as
painstaking as an education.
His movement and his awareness embrace exactly
as if he were body and his innards were space:
apartment 2 D and the comings and goings of his owner our friend
        Rigas Kappatos
who not to disturb his old *room mate*
preserves the calm learned as by exorcism
against the whims of the sea, in his long voyages between
        the port of Athens and the world
—sailor and poet—
a man who would have cultivated that difficult acquisition:
        tranquility
like an apprentice of languages in the Tower of Babel.

But Athinulis, who in another city less jealous of its
        domestic animals
        truly would have been able to be a cat
needs like a drug addict more than a calm sea,
        a sea of calm
He suffers—Valery said it of Rilke—from an excessive familiarity with
        silence
and, for his part, with the immobility

MONSTRUO DE BROOKLYN

de la que gustan, en general, los gatos, pero para saltar de ella
    a la lucha
y al coito, al vagabundeo o la caza
esas acciones disparatadas (reflexiona Athinulis).
El es más bien una rareza ontológica
indefinida criatura que como un Hamlet con cola y orejas
    puntiagudas
pero sin garras en sus patas delanteras, ha incorporado
    —dice Rigas—
    demasiados elementos humanos a su papel de gato
pues no ha conocido en su vida de anacoreta a ningún otro
    hermano de raza,
    como no sea ese gato ausente que le devuelve el espejo
que se le acerca y se le aleja mutuamente sólo una *imago*
— el no gato fantasma—
y de todas las personas que ha conocido ninguna ha dejado de
    cometer el error de tratarlo sin el respeto que
    exige su indecisión en el ser
la hiperestesia nerviosa de una especie de sabio
que al revés de Sócrates responde al imperativo anticategórico:
ignórate a ti mismo.

El anciano y desgatizado Athinulis no se reconoce en los hombres
    que lo tratan como gato.
Orienta su identidad por la de Rigas Kappatos,
    el antiguo navegante
de gestos y palabras pausadas,
    convertido en el faro que evita
el naufragio del gato en el no ser
Rigas mima al animal y, hasta cierto punto, lo mima
en el sentido griego de la palabra: imitación.

that cats, in general, take pleasure in, except for leaping from it into a
 fight and into
 coitus, prowling at night or hunting
those nonsensical acts (Athinulis reflects).
He is more precisely an ontological rarity
an indefinite creature like a Hamlet with a tail and
 pointed ears
but without claws on his front paws, he has embodied
 —Rigas says—
 too many human elements into his role as cat
since in his anchorite life he has not known a
 brother of his race,
 unless it be that absent feline the mirror returns to him
which comes near and moves away reciprocally a mere *imago*
—the phantom no-cat—
and of all the persons he has known none has failed to commit
 the error of treating him without the respect
 his indecision requires in his being
the nervous exaggerated sensibility of a species of sage
who contrary to Socrates responds to the anti-categorical imperative:
don't know thyself.

The old and uncatted Athinulis is not recognized among men who
 treat him as a cat.
He directs his identity through that of Rigas Kappatos,
 the ancient mariner
of deliberate gestures and words,
 converted into the lighthouse that prevents
the shipwreck of the cat in the not to be
Rigas imitates the animal and, up to a certain point, he imitates him
in the Greek sense of the word: imitation

MONSTRUO DE BROOKLYN

Momentos hay en que parecen convergentes y el poeta
    se recluye como en un barco en su casa
para cuidar de las palabras tal Athinulis de su pelaje y sus bigotes
Ninguno de los dos se distrae entonces de la tarea de esa
    pulcritud silenciosa
El mundo se retira de su alrededor y hombre y gato se lo
    incorporan con la lengua y el lenguaje
ofrecen de él una definición negativa:
palabras el uno, lengüeteo el otro:
la presencia de un interlocutor invisible en el desdoblado
    cuerpo del poema
y desdoblamiento de Athinulis que encuentra en sí mismo,
    bajo la lengua, a un gato
otro, pero moldeado en su carne y en sus huesos
vaciado, sobre todo, en su piel.

El resto para el gato que envejece a la vez en el reposo
    y en la ansiedad
es la práctica de los signos que recuerdan a Rigas
los deberes y los derechos del capitán
Le reprochan sus prolongadas estadías en el ignoto puerto de
    Nueva York, la nada para Athinulis
la misma que juega con él en las horas vacías
cuando la nada es el gato y el gato, el ratón.

El solipsismo absoluto del anciano lo lleva a confundir
    sin duda a Manhattan
con una inaccesible gatunidad, rival de la suya:
un gato macroscópio
esperaría a Rigas en la puerta de calle si las tres últimas
    palabras tuvieran algún sentido

BROOKLYN MONSTER

There are moments when they seem to converge and the poet
        secludes himself in his house as if in a ship
for grooming the words just as Athinulis does his coat and whiskers
Neither of the two is distracted then from the task of that
        silent pulchritude
The world withdraws from around them and man and cat sail it
        together with tongue and language
offer it a negative definition:
the one of words, the other of licking:
the presence of an invisible speaker in the outspread
        body of the poem
and the stretching out of Athinulis who finds in himself,
        under his tongue, another cat,
but molded of his own flesh and bones
shaped, above all, in his skin.

For the cat that ages at the same time in repose
        and in nervousness
the rest is the practice of the signs that remind Rigas
of the captain's duties and rights
His extended layovers in the unknown port of
        New York reproach him, for Athinulis
the same nothing that plays with him in the empty hours
when nothing is the cat and the cat, the rat.

The absolute solipsism of this old fellow causes him without a
        doubt to confuse Manhattan
with an inaccessible catness, rival of his own:
a macroscopic cat
would await Rigas at the street door if those last three
        words had any meaning

MONSTRUO DE BROOKLYN

y no los trabajos y los días de Kappatos, que por estos plazos
    hace un esfuerzo supremo
por instalar "El Festín de Esopo", su segundo restorán,
    cerca de Columbia University
anonadado por los burócratas
Ninguna relación puede hacer Athinulis entre ese festín y el que,
    a pesar de tales ausencias
se le ofrece con puntualidad bajo la especie de alimento para gatos
Su apetito—si lo tiene—se eclipsa a la vista de la
    conocida mano
bajo la cual arquea el lomo
y, en reciprocidad, él pone su pata sobre el pecho
    del hombre sentado
en un cierto sentido, su propiedad.

and not the labors and days of Kappatos, who during this time
    makes a supreme effort
to install "The Feast of Aesop," his second restaurant,
    near Columbia University
overwhelmed by bureaucrats
Athinulis can make no connection between that feast and the one,
    despite so many absences
offered him punctually in the form of cat food
His appetite—if he has one—is eclipsed at the sight of the
    familiar hand
beneath which he arches his back
and, in return, places his paw on the chest
    of the seated man
in a certain sense, his property.

MONSTRUO DE BROOKLYN

Un tren para sí solo tiene el monstruo que toma
su metro en Brooklyn, al que nadie más sube
cuando lo ven a través de los vidrios escritos. El hombre
—si no es una mujer—viste de conscripto en su semidesnudez,
    como un cadáver
que trajeran del campo de concentración al horno crematorio
Los pies mucho más pequeños que los zapatos desnudos
La mujer—si no es un hombre—maquillada
de emplastos blancos que le chorrean la cara
en el ritual de la expulsión del sexo.

Eso que si fuera un fantasma no ahuyentaría a sus
    compañeros de viaje
no tiene más remedio que gozar en su tren especial
de la soledad de los reyes y los intocables
cuando atraviesa Manhattan.

BROOKLYN MONSTER

The monster who takes the subway in Brooklyn
has the car all to itself, as no else gets on
once they see it through the graffitoed windows. The man
—if it is not a woman—dresses like a half-naked conscript,
     like a cadaver
they would carry from the concentration camp to the crematory oven
With feet much smaller than its destitute shoes
The woman—if it's not a man—with white
plaster make-up running down its face
in the ritual expulsion of sex.

That thing that were it a ghost would not have frightened off
     its fellow passengers
has no other choice than to enjoy in its special train
the solitude of kings and untouchables
as it crosses through Manhattan.

MONSTRUO DE BROOKLYN

EL HUDSON EN EL CAMINO
DE POUGHKEEPSIE

Liso, rizado apenas por el aire
y envenenado el Hudson
ya no es el Padre de los ríos
el que escribió, torrencialmente, Walt Whitman
ni es un río sagrado: el de esas escrituras:
frescas hojas de hierba que el agua repetía
por la extensión de América del Norte
en una transparente y exaltada
murmuración: rumor de lo que iba a venir:
Appalachia
Y eso lo supo Whitman, que él había cantado
a contracorriente de la realidad.

Se sobrepone el río a su emasculación
sólo porque es inmenso su trayecto
y menos elocuentes—en la geografía—las fábricas
que en el discurso ecológico
pero no así sus deyecciones letales.

Tramos de una gastada pero real majestad
entre Nueva York y Poughkeepsie
Faros en miniatura, islotes y las velas
del sportman olvidado de los peces muertos
que se miran en él, como él se mira—extático—
en el río.

THE HUDSON ON THE WAY
TO POUGHKEEPSIE

Smooth, barely rippled by the air
and poisoned the Hudson
is no longer the Father of rivers
the one Walt Whitman praised in torrents
nor is it sacred: the one of scriptures:
fresh leaves of grass the water repeated
all across North America
in a transparent and exalted
murmuring: rumor of what was soon to come
Appalachia
And Whitman knew it, that he had sung
a countercurrent to reality.

The river triumphs over its emasculation
only because its course runs on so far
and the factories—in the landscape—are less eloquent
than in the ecological discourse
but not so their lethal excretions.

Stretches of a spent but splendid majesty
between New York and Poughkeepsie
Miniature lighthouses, small islands, and the sails
of the sportsman oblivious to the dying fish
that look at themselves in him, as he—ecstatic—looks at
himself in the stream.

TULIPANES DE TORONTO

Tulipanes de color escarlata, brindando con sus copas
por el sol que en ellas vierte
la primavera fría de Toronto
y plantados a orillas del camino
tal vez sin mucha gracia
en el estilo de los palitroques
orden que le imponen la jardinería
y el azar conjugados en la mano
que de ellos y no de otros
hizo su siembra
        No acompañan el brindis
de versos o discursos como lo hacen
políticos, poetas y hombres de negocios
—ruinas de tulipanes, criaturas zoológicas—
que distinguen sus bocas de sus copas
y entre unas y otras burbujean
palabras y palabras y palabras.

TULIPS OF TORONTO

Scarlet-shaded tulips, toasting with their cups
in honor of the sun that pours into them
the cold Toronto spring
and scattered by the roadside
perhaps with little gracefulness
like so many bowling pins
in an order imposed by gardening
and chance gathered in the hand
that did its sowing
of those and not of others
       Their toast is unaccompanied
by verses or speeches the way it's done
by politicians, poets, and businessmen
—the ruin of tulips, zoological creatures—
who distinguish their mouths from their cups
and between the one and the other bubble up
words and words and words.

MONSTRUO DE BROOKLYN

LA RISA ABUNDA EN
BOCA DE LOS JÓVENES

La risa abunda en boca de los jóvenes
miran a una pobre mujer que acostumbra a pasar por Yonge Street
sin ver a la encapuchada y se mueren de la risa
ni advierten cómo la víctima de su risa los sigue
no más ruidosa, es cierto, que los copos de nieve
Entran y salen del palacio de cristal de la Moda del que se
      han apoderado pasivamente los mendigos
como de una trinchera de vidrio contra el sol congelado de Toronto
Los espera la noche que cae como un telón de fondo
la hora de hacer valer sus chaquetas de cuero en un burdel
      de más allá
Al fondo el striptease y en primer plano una baraja de
      naipes marcados
y alguien que no se ve
doblando las apuestas de un lado y del otro por su sola
      ausencia hilarante
Los muertos de la risa se agarran a cuchilladas
y salen como un vómito a la nieve de Yonge Street
donde ella, la última en reír, con un as de triunfo en la mano
se acerca como la buena samaritana al joven que neciamente
      agoniza
y se levanta el capuchón para mirarlo a los ojos con sus ojos de nieve.

LAUGHTER ABOUNDS IN
THE MOUTHS OF YOUTHS

Laughter abounds in the mouths of youths
who watch a poor woman who passes regularly down Yonge Street
without seeing her beneath her hood and dying of laughter
nor notice how the victim of their laughing follows them
no more noisily, it's certain, than the flakes of snow
They enter and leave the Mode's crystal palace of which
      the beggars have passively taken possession
like putting on a glass trench coat against Toronto's frozen sun
Nightfall awaits them as a backdrop
at the hour for showing off their leather jackets in a brothel
      farther on
In the rear striptease and up front a deck of
      marked cards
and someone who isn't seen
doubling the bets on one side and on the other hilarious only by
      her not being there
Those dying of laughter fight it out with knives
and run out like vomit to the snow on Yonge Street
where she, the last to laugh, with a winning ace in her hand
approaches as a Good Samaritan the foolish youth in the throes
      of death
and lifts her hood to peer into his eyes with her eyes of snow.

MONSTRUO DE BROOKLYN

1985 LA DESPEDIDA 2

Eres de una especie que yo no conocía: se te traslucen cachorros
jugando en lugares amenos con su ternura feroz, el encenderse
del rosa
rojo de la mejilla de niños recuperados por sus padres
en un abrazo que los libra o casi del mundo
y del peligro ocasional que desencadena ese abrazo
semejante a un transporte místico, pero cuando se apretuja la carne
con la carne y la sangre, un momento antes congelada, hierve
exhala su olor de maravilla mortal, fresco, como cuajado
sobre la hierba, en el origen del día.

Una inmensidad de mujer tan bien construida
como la represa que convierte el río
en un lago por eso llamado artificial, un orden líquido
de aguas blancas y plateadas y verdes y surcadas
de lanchas a motor y velas de colores. Eres ese río
que no por obra de magia se detiene
a descansar en sí mismo como si fueras el mar
de estas tierras con lomas de rocas talladas donde tanta vegetación
es el milagro de un puñado de tierra. Tienes
brazos y piernas de río que no van a dar al morir
que es la mar, pues, por ahora, pareces eterna
como la juventud—ya se sabe—. El azul de ciertos pájaros
no se da mejor en ellos que en tus ojos
Grandes manos como para sacar a luz su hijo que se te parezca
pero que todavía no ha ensanchado tanta delgadez, respetoso
    de tu belleza
aunque seguramente la aumentará
y gozarás de ella todos los años que quieras.
Sí, todo esto y mucho más, pero yo el que te escribe

BROOKLYN MONSTER

1985 FAREWELL 2

   You are a kind that I did not know: pups shine in you
playing with fierce tenderness in delightful places, the flaming
       of the rosy
red cheeks of children recovered by their parents
in an embrace that frees them from the world or almost
and from the chance danger such an embrace brings on
as in a mystic trance, but when flesh is pressed
to flesh and blood, frozen a moment before, boils
it breathes its odor of mortal wonder, fresh, congealed
upon the grass, in the origin of day.

   An immensity of woman as well built
as the dam that converts the river
into a lake called for that reason artificial, a liquid order
of white, silver, and green waters furrowed
by boats with motors or colored sails. You are that river
which by no work of magic pauses
to rest in itself as if you were the sea
of this hill country of cut stones where so much plant life
is the miracle of a handful of land. You have
a river's arms and legs that will not yield to death
which is the sea, since, for now, you seem eternal
as youth—one knows it—. The blue of certain birds
is no better on those than in your eyes
Large hands meant for giving birth to a son may favor you
but has yet to attain such delicateness, out of respect
       for your beauty
though surely he will add to it
and you enjoy it all the years that you may wish.
   Yes, all of this and much more, but I who write to you

MONSTRUO DE BROOKLYN

tengo en este lugar los días contados
no todo el blanco del papel ni el deseo de fatigarlo
porque quiero que lo leas, en realidad, y pienses
"Soy parte de una memoria que empieza a transfigurarme
y de la que me borraré como un montón de palabras
Estas, las pobres".

  Ellas—te respondo—
son todavía—recuérdalo—una manera de vivir
la más modesta de todas, sin duda, la más inútil
Porque ¿cómo hacer de unos versos el impensable encuentro
en el Café o un abrazo a la manera de un relámpago
Pero los versos—no los besos—están aquí, al menos
sería bueno que antes de borrarse te recordaran lo que ausentan
    a la manera de un espejismo.

  La vida, belleza, es así; o mejor dicho impensable
un espejismo que no se deja pensar
y al cual por lo tanto esa palabra: espejismo
le viene, en un cierto sentido, como cualquier otra
Hay una felicidad en no decirla
que compartimos sin callarnos nada
pero evitando toda definición
solo como para acompañar a los cuerpos que no se ocultaban nada
y que nada definían. Conocí esa felicidad
siempre es así, cuando menos me lo esperaba
Como subir unas gradas de esas rocas y de pronto ver de veras
el mar aunque no lo fuera: una obra de ingeniería
río inmóvil que desafía a la muerte
eternamente como la juventud
Como descender unas gradas, cansado ya
de estas alegorías en que combino cachorros

BROOKLYN MONSTER

have my days numbered in this place
not all the paper's whiteness nor the desire to weary it
since I want you to read it, in reality, and to think
"I am a part of a memory that begins to transfigure me
and I shall erase myself from it like a bunch of words
These, poor things."

  Such words—I reply—
are still—remember it—a way of life
the most modest of all, without a doubt, the most useless
Because how make from a few lines the unthinkable meeting
in the café or the embrace like a lightning flash
But the lines—not the kisses—are here, at least
it would be good before they're erased that they remind you
       of what they make absent like a mirage.

  Life, beauty, is like this; or to put it a better way is unthinkable
a mirage one cannot stop thinking of
and for which at any rate that word: mirage
fits, in a certain sense, as well as any other
There is a happiness in not saying it
that we shared without keeping a thing unsaid
but avoiding any definition
just to accompany our bodies that were hiding nothing
and defined nothing. I knew that happiness
it's always like this, when I was least expecting it
Like climbing stone steps and suddenly truly seeing
the sea even though it were not: a feat of engineering
the unmoving river defiant of death
as eternally as youth
Like descending the steps, already tired
of these allegories in which I combine pups

y el vuelo de los azulejos
Todo para llegar a una metáfora: tú
y eximirme con ella de tu imposible presencia
que ausento al hablar de ti.
Por eso voy a probar una ESPECIE DE DEFINICIÓN
NEGATIVA:

  No eres tampoco, aquí en el lenguaje donde nunca estarás
de cuerpo presente, por mucho que me esfuerce por poseerlo
la muchacha cuya historia me contaste
Tu madre no te obligó, al rechazarte en tu adolescencia, a una
      vida errante
como Evangelina. Ni fuiste en Paris la niña de nadie
—tu maestro—ni te pareces aquí a tu padre porque
    no lo conozco
ni en lugar de él encontraste, como en cualquier hombre, a un
      intrauterine tirano
menos lúcido en su declinación que el rey Lear, a Edipo
No eres aquí la celosa de sus propios Estados Unidos
estabilidad emocional previsión y otros derechos
adquiridos con suficiente tenacidad
Dispongo a amaño de ti ahora que al escribirte te ausento
y aunque no he de saber nunca lo que habrá sido de ti
puedo negarme a la lógica de esos relatos
de esas explicaciones que no explican nada
sueños del psicoanálisis que fabuló en su tiempo esas leyendas
Ahora que serás sólo mi preferencia y no tú, la letra
te prefiero, como en Mallarmé, la ausente de todos los ramos
te prefiero con ese olor a flores silvestres ofreciéndome en el
      ombligo y los pechos
fresas azucaradas y una risa infantil
un momento antes de negarme tu vida

and the flight of blue jays
All to arrive at a metaphor: you
and exempt myself through it from your impossible presence
that I remove in speaking of you
For that reason I'm going to try out a KIND OF NEGATIVE DEFINITION:

   Nor are you, here in the language where you will never be
present in body, no matter how I exert myself to possess it
the young girl whose story you told to me
Your mother didn't force you, on rejecting you in your adolescence,
       into a life of wandering
like Evangeline. Nor were you anyone's little girl in Paris
— your teacher—nor do you look here like your father since
       I do not know him
nor in place of him did you find, as in any man, an
       intrauterine tyrant
less lucid in his decline than a King Lear, an Oedipus
You are not here the jealous one of your own United States
emotional stability welfare and other rights
acquired with sufficient tenacity
I arrange you cleverly now that writing you I make you absent
and though I may never know what will become of you
I can deny myself the logic of those tales
of those explanations that explain not a thing
dreams of psychoanalysis that in its time invented such legends
Now that you will only be my choice and not you, the writing
I prefer you, as in Mallarmé, the absent one of all the bouquets
I prefer you with that odor of wildflowers offering me
       in your navel and breasts
sugared strawberries and a childish laugh
a moment before denying me your life

UNA CANCIÓN PARA TEXAS

Bajo la luna de Texas, más grande que en cualquier otro
    cielo del mundo
Donald se mirará, meditabundo, la punta de sus
    botas puntiagudas
Puede que piense con toda seriedad en emigrar
a una región menos vasta
donde haya lugar para un pequeño proyecto
Conoce ya—porque en sus viajes ha sido pródigo—países
    del tamaño de la mitad del Estado
pero están por ahora increíblemente lejos
allí vivió Donald en su elemento
en un mundo de tamaño natural
pero aunque no puede florecer insiste en sus raíces
a medida que envejece
como una rama tronchada.

A SONG FOR TEXAS

Under the Texas moon, larger than in any
    sky of the world
Donald will be gazing, pensively, at the tip of
    his sharp-pointed boots
It may be that he thinks in all seriousness of moving
to another part not so expansive
where there may be a place for a small project
He already knows—since he's traveled a good bit—
    countries half the size of the State
but for now they are unbelievably far away
there Donald lived in his element
in a world of a natural size
but even though he cannot flower he insists on his roots
in proportion to which he grows old
like a broken bough.

VOY POR LAS CALLES DE UN MADRID SECRETO

Voy por las calles de un Madrid secreto
que en mi ignorancia sólo yo conozco:
nadie que lo conoce lo ve así
ni en su ignorancia ignora lo esencial.
Ariadna—mi memoria laberíntica—
me tiende el hilo de su pobre ovillo
hecho de telarañas hilachientas.
Creo ver lo que vi: es una creencia
y de improviso, es cierto, lo estoy viendo
pero en otro lugar, Y ¿por qué en otro?
más bien todo en un sitio sin lugares
ni estables perspectivas ni, en fin, nada.
La ciudad es hermosa ciertamente
pero debo inventarla al recordarla.
No sé qué mierda estoy haciendo aquí
viejo, cansado, enfermo y pensativo.
El español con el que me parieron
padre de tantos vicios literarios
y del que no he podido liberarme
puede haberme traído a esta ciudad
para hacerme sufrir lo merecido:
un soliloquio en una lengua muerta.

I PASS THROUGH THE STREETS
OF A SECRET MADRID

I pass through the streets of a secret Madrid
which I alone in my ignorance know
no one who knows it sees it this way
nor does not in his ignorance know its essence.
Ariadne—my labyrinthine memory—
strings out for me the yarn of her pathetic ball
made from flimsy spider webs.
I believe I've seen what I saw: it's a belief
and suddenly, it's for certain, I'm seeing it
but in another place. And why in another?
more likely somewhere without any places
neither stable perspectives nor, in short, anything.
For certain the city is lovely
but I must invent it to remember it.
I don't know what the shit I'm doing here
old, tired, sick, and pensive.
The Spanish with which they gave birth to me
father of so many literary vices
and of which I've not been able to free myself
must have brought me to this city
to make me suffer what I deserve:
a soliloquy in a language is dead.

COCINA GALLEGA

Todavía se resisten a pasar al comedor
como aferrados a sus manes, en Roma
Prefieren la cocina, el calor del hogar
los dioses infernales, el alma de los muertos
El comedor tiene algo de frívolo y profano.

Los antiguos gallegos
todavía resisten a la televisión que los apartaría
del calor en familia y del lenguaje oscuro
que lucha por ser parte del fuego del hogar
en la cocina, junto a los manes, en Roma

Todavía se niegan a salir
del comedor a su dispersión televisiva en el mundo
lejos del fuego lento de su propio lenguaje
en la cocina, gracias a los manes
todavía…

GALICIAN KITCHEN

   Even now they refuse to enter the dining room
clinging to the spirits of their ancestors, in Rome
They prefer the kitchen, the heat of the home
the nether gods, the soul of the dead
The dining room has to it something frivolous and profane.

   The old Galicians
still resist the television that would cut them off
from the family warmth and the dark language
that struggles to be a part of the fire of the home
in the kitchen, together with ancestral spirits, in Rome

   Even now they refuse to leave
the dining room for televised dispersion in the world
far from the slow fire of their native words
in the kitchen, thanks to the ancestral spirits
even now...

DEL HOMBRE Y DEL GRANITO

   Pueblos de campesinos mimados por la tierra
y el granito
del que todavía entresacan sus casas estereométricas
y hasta los postes de sus viñedos
Gente de lengua oscura incluso para ellos mismos
que si tienen palabras para seguir con cien de ellas las
       mutaciones del pino
y para entonar la conjunción intemporal de la tierra y del hombre
del hombre y del granito
no las tienen para nombrar desde el Renacimiento
las transformaciones en el mundo de lo moderno
el inventario de esas cosas que son las únicas en cambiar
       con el tiempo

OF MAN AND GRANITE

   Villages of farmers pampered by the earth
and granite
that they still select for their sturdy homes
and even for the posts of their vineyards
People of a dark tongue that remains so to them
who if they have a hundred words for following the
        pine's mutations
and for intoning the timeless conjunctions of earth and man
of man and granite
have none for naming since the Renaissance
the transformations in the world of the modern
the inventory of those things that are with time the only
        ones to change

CARBALLO

Como buen soberano de los árboles
el carballo, que fuera destronado en Galicia
invadido allí por los pinos del Caudillo
a manos de los celosos reforestadores cuidadosos de rimar
    con los invasores
a diferencia de los eucaliptos que se beben todo el suelo
hasta parecer centenarios a poco de nacer
—madera barata para obras sin estilo—
el carballo de tronco tan alto como atormentado
de costumbres—si las tuviera—austeras
permitía que la hierba creciera a sus pies y, en la hierba, el rebaño
animando al pastor con su sombra y con su ejemplo.

OAK

   Like a good sovereign of the trees
the oak, which in Galicia would be dethroned
invaded there by pines of the rebel Chief
at the hands of jealous reforesters careful to agree
        with the invaders' will
unlike the eucalyptus that soak up all the soil
till shortly after birth they seem centenarians
—cheap wood for works without any style—
the oak with its trunk as tall as it is tormented
with manners—if it had them—austere
allowed the grass to grow at its feet and, on the grass, the flock
inspiring the shepherd by its shade and example.

CAFÉ DERBY

¿Quién diría que estoy sentado
a la misma mesilla ovalada
en el café Derby
a la que se sentaba diariamente a escribir, don Ramón del Valle Inclán
el pobre que jaló, de su puño y letra
sus años últimos en Santiago de Compostela?

Pero sí, como un "tonto del culo" me he sentado en su silla
como detrás de un escaparate, bajo el profano vitral
en que se lee Derby con todas sus letras
a escribir las mías: unas cuantas líneas vacías que juegan al dibujar
al ausente, sobre su mesilla
y que me restituyen a mi condición de esperpento.

THE DERBY CAFÉ

  Who would think that I am seated
at the same oval-shaped table
in the Derby Café
where daily don Ramón del Valle Inclán sat down to write
the poor guy who condemned, with his fist and words
his final years here in Santiago de Compostela?

  Sure enough, like a "fool asshole" I have taken his seat
right behind the café window, beneath the colored glass
where Derby is lettered for all to read
here to do my writing: a few empty verses that play at sketching
the missing, at his very table
and that bring me back to my frightful condition.

MONSTRUO DE BROOKLYN

ESCRITO EN AREQUIPA

1

Doy razón de Arequipa:
limpia en su corazón que restriega la luz,
pétreo y dulce, esculpido y abundante en iglesias.
La ciudad huele a tiempo, como si un pueblo en ella
—bordado a mano pero de piedra—hundiera
sus raíces de oro en la Conquista.
"Aquí no se habla quechua, el quechua está en las cosas
que se nombran cuando uno come o bebe
pero es mal visto hablarlo". Sí, cada cosa tiene
su sombra y Arequipa—toda luz y dulzura—
su indiada cargadora que hormiguea por ella,
para la cual no es más que un planeta de piedra.

2

Esta altura me agobia y me pesan los pies
como dos casas, luego la belleza
por el cristal con que la miro es vieja,
tiene algo de ateneo o de farmacia;
pasa bajo estas bóvedas jalando
su burrito
con una cara triste, esquiva.

3

Cristo del Gran Poder, qué duda cabe
o a poco el Misti coronado de espinas;
el gran explotador guardando por ahora

WRITTEN IN AREQUIPA

1

I account for Arequipa:
clean in its heart that rubs the light,
stony and sweet, sculptured and abounding in churches.
The city smells of time as if in her a people
—embroidered by hand but in rock—
submerged its roots of gold into the Conquest.
"Quechua isn't spoken here, Quechua is in the things
that are named whenever one eats or drinks
but it's bad taste to speak it." Yes, each thing has
its shadow and Arequipa—all light and sweetness—
its Indian porter who crawls through her ant-like,
for whom she is no more than a planet of stone.

2

This height bends me down and steps on my feet
like two houses, soon through the glass
with which I view it her beauty is old,
has something of an athenaeum or of a pharmacy,
passes below these tunnels pulling
her donkey
with a sad face, disdainful.

3

Christ of the Grand Power, what doubt is there
or presently the Misti crowned with thorns;
the great exploiter guarding for now

la reserva de ese poco de nieve.
Catedral de Arequipa en cuyas faldas
tamborilea la mendicidad:
el indio, el indio, el indio, el indio triste.

4

El otro, el interpuesto que con la pesadilla
se me pone a crecer y me la lleva,
siempre está allí, a la vuelta del sueño o la vigilia;
flagrante allá, y, bajo el sol, discreto
como una bofetada
o un saludo ofensivo por lo ambiguo.
Y se la lleva y me las lleva a todas
y ella—ahora tú, que en el sueño pareces
mucho más viva—se dejan jalar
por el matón de barrio que también siempre es otro
y el mismo con su ofensa para mí: el condiscípulo
quien me pegó o mi hermano o el amigo dudoso.
Ahorita te llevan y me quitas la cara,
despierto del dolor que eso le causa al sueño,
en Arequipa, lejos,
el corazón de piedra pero bordado a mano
en un atrio, erizado de puñales.

5

Las madres nos entregan a medias y tomamos
mujeres, no: otras madres
como si a poco fuéramos mutilados de guerra.
Entre una madre y otra, dañados y dañinos.

BROOKLYN MONSTER

the reserve of that little snow.
Cathedral of Arequipa, on whose skirts
mendacity drums its praises:
the Indian, the Indian, the Indian, the sad Indian.

4

The other, the interposed who with the nightmare
begins to grow himself in me and he takes her away from me,
he's always there, so near to sleep or wakefulness;
blazing there, and, beneath the sun, discreet
as a slap in the face
or a greeting offensive from being ambiguous.
And he takes her away and he carries them all away from me
and she—now you, who in sleep seem
much more alive—they stop pulling at
because of the neighborhood bully who is always another
and the same with his attacking of me: the classmate
who struck me or my brother or the dubious friend.
Right now they take you and you turn your face away from me,
I awake with the pain that causes sleep,
in Arequipa, far away,
the heart of stone but embroidered by hand
in an atrium, bristling with poniards.

5

The mothers deliver us halfway and we take
women, no: other mothers
as if we were a bit the maimed of war.
Between one mother and another, damaged and damaging.

LAS SIRENAS

THE SIRENS

LAS SIRENAS

YO EL LIBRO

También el cuerpo se descompagina
porque lo hojeen distraídamente
Soy un imbroglio de maltratado papel
entre las manos de una lectora poco atenta
un magazine en una sala de espera
que irá a parar en unos días más
a la bolsa negra de polietileno
Antes de que esto ocurra, lee en mí
el último capítulo de nuestra historia en común
para que sepas.

THE SIRENS

I THE BOOK

   The body can also be bent and battered
because they may leaf through it heedlessly
I am a confused mass of paper treated poorly
in the hands of her who in a waiting room
carelessly reads a magazine
which in a few days will end up in
a black polyethylene bag
Before that may happen, read in me
the last chapter of our story in common
that you may know.

LAS SIRENAS

LARGA DISTANCIA

Persiste en el teléfono, detrás de la voz
de la operadora trivial, la sorpresa
eco nupcial de lo que fue el matrimonio secreto de la Magia y la Ciencia
deslumbramiento no obstante la oscuridad meridiana
Una comunicación de persona a persona
convierte en casi nada no importa qué distancia
y la deja penosamente intacta.

Voz a voz
esos cuerpos que increíblemente no se comunican de viva vida
—toda magia tiene su sombra—
comparecen desde las más distintas y distantes ciudades
     a la intimidad
de un lugar que no hay en el espacio y que cabe
de un lado y otro del espacio en el hueco separado de
     dos manos auriculares
una realidad de la que nadie se asombra
como si nunca persona a persona hubiera significado cuerpo a cuerpo
sólo voz a voz, algo que es y no es lo mismo.

Pero tú y yo, fantasmas de carne y hueso, irrealizamos la regla
que nos confirma como si fuéramos su excepción
voces y no cuerpos, pero no sólo voces, nos entretejemos
     persona a persona
con la sensación de asistir—en nosotros—al matrimonio secreto
de la Magia y la Ciencia.

THE SIRENS

LONG DISTANCE

  On the telephone there persists, behind the voice
of the stale operator, the surprise
nuptial echo of what was the secret wedding of Magic and Science
dazzling despite the midday darkness
A person to person call
turns no matter what distance into almost nothing
and leaves it painfully intact.

  Voice to voice
those bodies that unbelievably are not in touch with living life
—all magic has its dark side—
answer from the most distinct and distant cities a summons to
      the intimacy
of a place that is not in space and that fits
from one side and another of the opening in the hollow between
      two hand receivers
a reality which surprises no one
as if person to person had never meant body to body
only voice to voice, something that is and is not the same.

  But you and I, phantoms of flesh and blood, disproved the rule
that confirms us as though we were its exception
voices and not bodies, but not voices alone, person to person
      we mingle
with the sensation of attending—in ourselves—the secret wedding
of Magic and Science.

LAS SIRENAS

RUEDA DE LA FORTUNA

   Rueda de la fortuna que a mis expensas giras
Contigo estuve ayer, reina de corazones
hoy estoy en la nada en el lecho de pólvora
(como para encender un cigarrillo en tu nombre
y volver explosivamente a ese vicio)
Rueda de la Fortuna Medieval que hasta el día de hoy
gira con la energía de una bestia
Ayer tú y yo hicimos el amor
como si eso no fuera el paraíso
Por la violencia fuimos expulsados de allí
por mucho que quisiéramos
ser el uno y el otro inocentes serpientes.

   Triunfa, triunfa la Rueda, poniendo boca abajo
a la reina, rompiendo el laúd del goliardo
haciendo un monumento funerario
de la felicidad de algunos días.

THE SIRENS

WHEEL OF FORTUNE

   Wheel of fortune that you turn at my expense
I was with you yesterday, queen of hearts
today I'm down to nothing in a gunpowder bed
(like lighting a cigarette in your name
and returning to that vice explosively)
Wheel of Medieval Fortune that up to this very day
spins with a bestial energy
Yesterday you and I made love
as though that weren't paradise
By our violence we were expelled from there
however much we may have wished
each of us to have been an innocent snake.

   The wheel wins, triumphs in turning the queen
upside down, breaking the goliard's lute
making a funeral marker
out of a few happy days.

LAS SIRENAS

CONTRAGUERRILLERA

    Como miembros de un ejército secreto que sólo
        dispone de nosotros dos
nos reunimos, a la hora exacta, habiendo tomado
        todas las previsiones
de la invisibilidad Tu cabeza de largo cuello
y el pelo corto de las adolescentes, gira
hacia dos o tres de los puntos cardinales
Viene vestida de negro y verde olivo, gacela
y no es que poses para una revista de modas
en traje de guerrillera, sino que pones de verdad
proa al terror del que somos adictos,
deslumbrados, en un verano de mierda
El deseo de vernos aumenta en proporción directa a
        su imprudencia
estaríamos cada día más cercados por el enemigo
cierto del malestar que nos inspira y que redunda en
        su ubicuidad
Esta batalla ganó
y no la guerra, pero fue un triunfo sonado
mantiene minado el territorio que nos pertenece
en nombre del amor tan impotente como
        cualesquiera de los derechos humanos
y no menos lábil o insignificante que ellos
pues corren tiempos inhumanos y él bien lo sabe
el hosco partidario de las medidas de facto.

COUNTERGUERRILLA

   Like members of a secret army that only
        orders the two of us
we meet, at the exact hour, having
        taken every precaution
for remaining undetected Your head with its long neck
and hair cut short like adolescent girls, turns
toward two or three of the cardinal points
You've come dressed in black and olive green, a gazelle
and it's not that you pose for a fashion magazine
in guerrilla wear, but that you give a true
indication of the fear we are addicted to,
bewildered by, in a shitty summer
The desire to see one another increases in direct proportion
        to its imprudence
each day we would be more besieged by the enemy
certain of the uneasiness inspiring and surrounding us
        in its ubiquity
It won the battle
and not the war, but it was a resounding victory
it keeps the area mined that belongs to us
in the name of love as impotent as any of
        the human rights
and no less weak or insignificant than those
since we're overrun by inhuman times and he knows it well
the grim partisan of de facto measures.

LAS SIRENAS

ECO DE OTRA SONATA

   En tu opinión un amor borra a otro
y es así, querida, pero en el amor no todo
se hace parte del dardo y el carcaj
—los borradores—ni de la herida que encandila
toda placer toda dolor
melliza de la muerte, metáfora del parto
       Las víctimas de Eros sobreviven al crimen
del que, gozosamente, son los agentes pasivos
sus autores en un momento de misterio y no olvidan
al menos yo: mi recuerdo de ti
independientemente del amor lo retiene
como en ese cuadro de Magritte el cielo del amanecer
no ha disipado en la calle a la noche
ni a su preciosa luna: luz cuajada
en el farol que alumbra oscuramente esa calle
       Es verdad, el oxímoron
no es más que una figura de palabras y puede
       pecar de premeditado
No así yo, así lo espero, si te digo:
un amor no borra a otro
La memoria, también, a su manera, ama
y, como alguien lo dijo: "no hay olvido".

ECHO OF ANOTHER SONATA

In your opinion one love erases another
and it's so, dear, but in love not everything
belongs to the arrow and the quiver
—the erasers—nor to the wound that bewilders
all pleasure all pain
twin of death, metaphor of birth
        The victims of Eros survive the crime
of which, gladly, they are its passive agents
its authors in a mysterious moment and do not forget
I at least: my memory of you
independently of love retains it
as in that painting by Magritte the morning sky
has not dissipated in the street at night
nor its precious moon: clotted light
in the lamp that darkly illumines the street
        It's true, the oxymoron
is no more than a figure of speech and can commit
        a premeditated sin
But not I, so I hope, if I tell you
one love doesn't erase another
Memory, also, in its way, loves
and, as someone said: "there is no forgetting."

LAS SIRENAS

CONVENIENCIAS DEL OTOÑO

Seré otoñal, el verano pasó
y la primavera es, por naturaleza, sangrienta
¿Cuántas veces tendría un animal que caer
en la misma trampa? Armada por Eros
cubierta por hojas en que se transparenta el resplandor del cebo:
    la belleza de Filis
y de la cabellera viva de la tierra con sus flores recién pintadas
Pero detrás, Filis, de tu imagen perfecta
como lo es todavía un verso de Góngora
lo que te falta y lo que te sobra, pastora, allí está
Detrás de todas ustedes, doncellas encantadas, se emboscan
los locos terribles de la sierra, los pastores
que se enardecen con la idea
de matar a palos a quien esto escribe.

Me tiendes, sin saberlo, dos pares de brazos
Unos que inmovilizan y otros que muelen.

THE SIRENS

ADVANTAGES OF AUTUMN

   I will be autumnal, summer passed
and spring is, by nature, bloody
How many times would an animal have to fall
in the very same trap? Set by Eros
covered with leaves that the brightness of the bait shines through:
      the beauty of Filis
and of the live hair of the earth with its flowers recently tinted
But behind, Filis, your image perfect
as Góngora's line still is
there lies, shepherdess, all you lack and all you more than are
Back of all of you, you enchanted damsels, there lie in ambush
the terrifying madmen of the mountain, the shepherds
who burn with the thought
of beating to death the writer of this.

   You extend to me, without knowing it, two pairs of arms
Those that immobilize and those that pound to bits.

LAS SIRENAS

Hemos llegado, sin saberlo, a viejos
Las hermosas mujeres de treinta años
se nos van de las manos, nos conceden
el abrazo y el beso y el oleaje
se retracta, alejando esos ramos marinos
de ojos verdes y azules, que espuman otra orilla
de la rompiente a la que ya no llegamos
Vienen en lugar suyo las sirenas
arrastrándose a hacernos compañía
cuando es la bajamar y derriten la cera
de los oídos en un bar nocturno
y desamarran del palo mayor
a Ulises el anciano
que, cansado de haberlas oído solamente
por fin cede al deseo de ahogarse entre ellas.

THE SIRENS

We have turned, without realizing it, into old men
The beautiful women of thirty
are slipping through our fingers, they grant us
a hug and a kiss and the waves
draw back, washing out those marine clusters
of blue and green eyes, which foam another shoreline
with breakers we no longer reach
In their place the sirens come
dragging themselves up to keep us company
when the tide is low and to melt the earwax
in an all-night bar
and to untie from the thickest beam
the ancient Ulysses
who, tired of having only heard them
at last gives in to the urge to drown with them.

LOS QUE VAN A MORIR

… THOSE WHO ARE
GOING TO DIE

KAFKA

Soy sensible a este abismo, me enternece
de otra manera la lectura de Kafka:
pruebo, con frialdad, el gusto de la muerte
Que nos hace falta algo
junto a lo cual no somos nada
Una cámara oscura
que proyecta esta ausencia pavorosa
Pruébese lo contrario
con lujo de razones luminosas,
igual el sol parece que cavila
sobre el origen de sus manchas, sí:
en cada cosa hay un fantasma oculto
Nuestro trabajo, ¿no es un exorcismo,
una respuesta al desafío oscuro?

THOSE WHO ARE GOING TO DIE

KAFKA

I am sensitive to this abyss, am moved
in another way by reading Kafka:
I coolly taste the flavor of death
That we are missing something
next to which we are nothing
A camera obscura
that projects this terrifying absence
Try proving the contrary
with a bunch of brilliant reasons,
even so the sun appears to ponder
the origin of its spots, yes:
in each thing there is a hidden phantom
Our task, is it not an exorcism,
a response to the dark double-dare?

LOS QUE VAN A MORIR

NADA TIENE QUE VER EL
DOLOR CON EL DOLOR

Nada tiene que ver el dolor con el dolor
nade tiene que ver la desesperación con la desesperación
Las palabras que usamos para designar esas cosas están viciadas
No hay nombres en la zona muda

Allí, según una imagen de uso, viciada espera la muerte a sus
        nuevos amantes
acicalada hasta la repugnancia, y los médicos
son sus peluqueros, sus manicuros, sus usurarios usuarios
la mezquinan, la dosifican, la domestican, la encarecen
porque esa bestia tufosa es una tremenda devoradora

Nada tiene que ver la muerte con esta imagen de la que me retracto
todas nuestras maneras de referirnos a las cosas están viciadas
a éste no es más que otro modo de viciarlas

Quizá los médicos no sean más que sabios y la muerte—la niña
de sus ojos—un querido problema
la ciencia lo resuelve con soluciones parciales, esto es, difiere
su nódulo insoluble sellando una pleura, para empezar
Puede que sea yo de esos que pagan cualquier cosa
        por esa tramitación
Me hundiré en el duelo de mí mismo, pero cuidando de mantener
ciertas formas como ahora en esta consulta
Quiero morir (de tal o cual manera) ese es ya un verbo
        descompuesto
y absurdo, y qué va, diré algo, pero razonablemente,
evidentemente fuera del lenguaje en esa
zona muda donde unos nombres que no alcanzan a ser

THOSE WHO ARE GOING TO DIE

PAIN HAS NOTHING
TO DO WITH PAIN

Pain has nothing to do with pain
desperation has nothing to do with desperation
The words we use to mean those things are contaminated
There are no words in the mute zone

There, according to an image in use, death waits foully for its
        new lovers
dressed even to repugnance, and the doctors
are its hairdressers, manicurists, usurious users
who give it sparingly, in small doses, control it, make it high-priced
because that stinking beast is a frightful consumer

Death has nothing to do with this image from which I withdraw
all our ways of referring to things are contaminated
and this but one more way of contaminating those

Perhaps doctors are nothing but experts and death—the apple
of their eyes—is a pet problem
science solves it with partial solutions, that is to say, it puts off
its insoluble nodule sealing a pleura, to start with
It may be that I am one of those who pay anything
        for the procedure
I will sink myself into my own grief, yet taking care to maintain
certain forms as now in this consultation
I want to die (in such-and-such a manner) that already is a
        decomposed
and absurd verb, and even so, I will say something, but
reasonably, clearly beyond language in that
mute zone where some names don't come to be

LOS QUE VAN A MORIR

cuando ya uno, qué alivio, está muerto, olvidado ojalá
    previamente de sí mismo
esa cosa muerta que existe en el lenguaje y que es
su presupuesto
Invoco en la consulta al Dios
de la no mismidad, pero sabiendo que se trata
de otra ficción más
sobre la unión de Oriente y Occidente
de acápites, comentarios y prólogos
Un muerto al que le quedan algunos meses de vida tendría
    que aprender
para dolerse, desesperarse y morir, un lenguaje limpio
que sólo fuera accesible más allá de las matemáticas a especialistas
de una ciencia imposible e igualmente válida
un lenguaje como un cuerpo operado de todos sus órganos
que viviera una fracción de segundo a la manera del resplandor
y que hablara lo mismo de la felicidad que de la desgracia
del dolor que del placer, con una sonriente
desesperación, pero esto es ya decir
una mera obviedad con el apoyo
de una figura retórica
mis palabras no pueden obviamente atravesar la barrera de ese
    lenguaje desconocido
ante el cual soy un babuino llamado por extraterrestres
    a interpretar
el lenguaje humano
Ay dios habría que hablar de la felicidad de morir en alguna
    inasible forma
de eso que acompañó a la inocencia al orgasmo a todos y a cada uno
de los momentos que improntaron la memoria
con impresiones desaforadas
Cuando en la primera polución

THOSE WHO ARE GOING TO DIE

when already one is, what a relief, dead, hopefully by one's self
    forgotten beforehand
that dead thing that exists in the language and is
its presupposition
In the consultation I call upon the God
of non-sameness, but knowing it means
one more fiction
concerning the unity of East and West
of paragraphs, commentaries, and prologues
A dead man who has a few months of life would have
    to learn
a clean language for hurting, despairing, and dying
which beyond mathematics would be accessible only to specialists
of an impossible and equally valid science
a language like a body with all its organs operated on
that would live for a fraction of a second in a brilliant fashion
and would speak in the same way of happiness as of misfortune
of pain as of pleasure, with a smiling
desperation, but this already is stating
the merely obvious with the help
of a figure of speech
my words obviously cannot cross the barrier of that
    unknown tongue
before which I am like a baboon called upon by extraterrestrial
    beings to interpret
the human language
O god I would have to speak of the happiness of dying in some
    ungraspable form
of that innocence that accompanied the orgasm in all and every one
of those moments that stamped the memory
with enormous, outrageous impressions
When in the first wet dream

—mucho más mística que la primera comunión—pensabas
        en Isabel
ella no era una persona sino su imagen el resplandor orgástico
        de esa criatura
que si vivió lo hizo para otros diluyéndose para ti carnalmente en
        el tiempo de los demás
sin dejar más que el rastro de su resplandor en tu memoria
eso era la muerte y la muerte advino y devino
el click de la máquina de memorizar esa repugnante desvoradora
acicalada en palabras como éstas tu poesía, en suma es la muerte
el sueño de la letra donde toda incomodidad tiene su asiento
la cárcel de tu ser que te privaba del otro nombre de amor
        escrito silenciosamente en el muro
o figuras obscenas untadas de vómito
tu vida que—otra palabra—se deslizó, sin haberse podido
engrupir en lo existente detenerse en lo pasajero hundir el hocico
feliz en el comedero, golpear por un asilo nocturno
con el amor como con una piedra
la muerte fue la que se disfrazó de mujer en el altillo
de una casa de piedra y para ti de sombra y humo y nada
porque ya no podías enamorar a su dueña, temblando
del placer de perderla bajo una claraboya con telarañas
tienes que reconstituir ese momento ahora que la dueña de la
        casa es la muerte
y no la otra, esa nada ese humo esa sombra
darte el placer de ser ella y de unirte a ella
        como los labios de Freud
que se besan a sí mismos

THOSE WHO ARE GOING TO DIE

—far more mystic than the first communion—you were thinking
    of Isabel
she was not a person but her image the orgasmic glimmer
    of that creature
who if she lived did so for others diluting herself carnally for you
    in the others' time
without leaving more in your memory than the trail of her gleam
which was death and death advanced and became
the click of the machine for memorizing that repugnant consumer
polished in words like these your poetry, in sum, is death
the dream of writing where all discomfort has its place
the prison of your being that deprived you of the other name of
    love written silently upon the wall
or obscene figures smeared with puke
your life—another word—slipped away, without having been able
to be fooled in the present to linger in the fleeting to sink the snout
happily in the trough, to knock for refuge at night
with love as with a rock
death was the one who disguised itself as a woman in the attic
of a house of stone and for you a shadow and smoke and nothing
because no longer could you woo its owner, trembling
with pleasure at losing her beneath a skylight with webs of spiders
you must reconstitute that moment now that the owner of the
    house is death
and not the other, that nothing that smoke that shadow
giving yourself the pleasure of being her and joining with her
    like the lips of Freud
that kiss themselves

LIMITACIONES DEL LENGUAJE

El lenguaje espera el milagro de una tercera persona
(que no sea el ausente de las gramáticas árabes)
ni un personaje ni una cosa ni un muerto
Un verdadero sujeto que hable de por sí, en una voz inhumana
de lo que ni yo ni tú podemos decir
bloqueados por nuestros pronombres *personales*

Tenemos aquí a un hombre, apretando el gatillo contra sus sienes
Algo ve entre ese gesto y su muerte
Lo ve durante una partícula elemental del tiempo
tan corta que no formará parte de aquél
Si algo pudiera alargarla sin temporalizarla
una droga (¡descúbranla!)
Se escucharían los primeros pálidos ecos
de una inédita descripción de lo que no es

LIMITATIONS OF LANGUAGE

Language awaits the miracle of a third person
(but not the one that's absent from Arabic grammars)
neither a character nor a thing nor someone dead
A real subject who may speak for himself, in an inhuman voice
of what neither I nor you is able to say
blocked by our *personal* pronouns

We have here a man, pressing the trigger close to his temple
He sees something between that gesture and his death
Sees it during an elemental bit of time
so short that it will form no part of that
If something could prolong his death without placing it in time
a drug (discover it!)
The first pallid echoes would be heard
of an unpublished description of what it is not

LOS QUE VAN A MORIR

CONTRA LOS PENSAMIENTOS NEGROS

Pensamientos
no pensamientos negros
La relación paradigmática de éstos con la muerte es un recurso fácil
una mala metáfora
Los pensamientos no lloran
no se conduelen de sus objetos
tampoco deben ser pensados como auxiliares de la razón
    contra la locura
(Fourier no anunció sin razón las ciencias de la locura)
El desahuciado observa que, en la perspectiva de la muerte,
    las cosas
forzadas a ocupar un espacio limitado antes que a fluir en un
    tiempo amorfo supuestamente ilimitado
se ordenan como en un cuadro de Mantegna
Nunca antes se había visto así, al centro del escenario
Como un santo con un león a sus pies
Nunca fui un santo ni domestiqué un león
lo importante es el centro del cuadro
como lo veo como lo ven
en el anduve de la equidistancia
el de ser sin que esto sea un motivo de orgullo
(¿qué orgullo puede tener el que va a morir?)
el centro de un pequeño sistema planetario
al que, en honor a la claridad, le falta la cuarta dimensión

el tiempo que ciega en punto a la perspectiva.

THOSE WHO ARE GOING TO DIE

AGAINST BLACK THOUGHTS

Thoughts
not black thoughts
The paradigmatic relation of these to death is a simple recourse
a bad metaphor
Thoughts don't cry
don't feel sorry for their objects
nor ought they to be considered aids to reason
      against insanity
(not unreasonably did Fourier announce the science of insanity)
The hopeless person observes that, from the viewpoint of death,
      things
forced to occupy a limited space prior to flowing into an amorphous
      time supposedly unlimited
arrange themselves as in a painting by Mantegna
Never before had it been seen this way, at the center of the scene
Like a saint with a lion at his feet
I was never a saint nor did I tame a lion
the important thing is the center of the painting
as I see it they see it
on the platform of equidistance
the one existing without this being a cause for pride
(what pride can one have who is about to die?)
the center of a little planetary system
which, for the sake of clarity, lacks the fourth dimension

the time that blinds when it comes to perspective.

LOS QUE VAN A MORIR

MUERTE EN LA ÓPERA

La ópera incluye invariablemente en su repertorio a la muerte
una muerte que como la de Madame Butterfly
—*con onor muore*
chi no puó serbar vita con onore—
sea en la escena lo que la caída de aerolito en el cielo
un bello espectáculo y un punto a favor de la exactitud
de la mecánica celeste
Una muerte que embellezca a la víctima a la quinta potencia
    sin afear al verdugo
al cabo de ochenta y cuatro años nadie puede afirmar que
    Benjamín Franklin Pinkerton
lugarteniente de la cañonera Lincoln
sea un miserable
Habría podido llegar a serlo si su aparición, *real*, hubiera
    tenido lugar en Nagasaki en nuestros días
absoluta imposibilidad por partida doble
Cada época es una cañonera diferente
otra carta de navegación
Sólo la ópera no cambia, que defiende a sus personajes de
    los cambios de perspectivas
y paga a precio de oro a las personas que los representan

La muerte de madame en la voz de Renata Tebaldi
no sólo justifica la traición de Pinkerton:
la traición es la incógnita de la historia
que resuelve la ecuación de la historia
magnífica despejada por esa muerte
Plácido Domingo debe clamar entrando en la casa de la muerte
Butterfly…Butterfly
y claro está que no desentona.

THOSE WHO ARE GOING TO DIE

DEATH IN THE OPERA

Invariably the opera includes death in its repertoire
a death like the one of Madame Butterfly
—*con onor muore*
chi non puó serbar vita con onore—
whether it be in the scene with the meteor fallen from the sky
a beautiful spectacle and a point in favor of the exactitude
of celestial mechanics
A death that may raise the victim to the fifth power
    without condemning the executioner
after eighty-four years no one can maintain that
    Benjamin Franklin Pinkerton
Lieutenant of the gunboat Lincoln
is a wretch
He could have become one had his *real* appearance
    taken place in our times in Nagasaki
an absolute impossibility on two counts
Each age is a different gunboat
another navigation map
Only the opera is unaltered, defends its characters
    from changing perspectives
and pays those who play the parts at the going price of gold

The death of madame in the voice of Renata Tebaldi
justifies not only the faithlessness of Pinkerton:
faithlessness is the unknown quantity
which solves the equation of the story
magnificently cleared up by that death
Plácido Domingo must cry out on entering the house of death
Butterfly...Butterfly
and of course he isn't out of tune.

LOS QUE VAN A MORIR

EL APRENDIZ DEL ARTE DE MORIR
Para Hernán Valdés

El aprendiz del arte de morir debe olvidarse de todos los muertos
si quiere mendigar, al acaso, los rudimentos de un oficio
que nadie enseña ni ha cifrado su saber
en un corpus de obras de dominio público
abundan los inexpresivos trozos de bravura
los agonizantes operáticos que abusan del efecto de la muerte
El Libro de los Muertos
las estaciones inolvidables de la Danza de la Muerte y las Coplas
de Jorge Manrique
Toda una bibliografía de obras geniales de la antigüedad
judeocristiana plagada de un solo error
la otra vida
que volatiliza a la primera línea esos monumentos
no menos ni más memorables que las nubes
más le vale al aprendiz seguir por esas calles sin Dios
      a los muertos vivos
a la vieja que removía la tierra al pie de un solo árbol,
      junto al Hudson
todas las tardes y después de arar devolvía cada terrón a su sitio
el mohicano desgreñado y rapado, que pasa horas de pie con
      la frente apoyada contra un muro de contención
en una artería de Santiago
dignos de toda atención serían esos rituales
si el aprendiz estuviera iniciado en lo incomprensible
esa ciencia que nos falta
los gestos y la indumentaria de esos seres despiertan la atención
se comportan como relojes de carne y hueso
como las estructuras de un poema con metro y rima
vaciado de las palabras

THOSE WHO ARE GOING TO DIE

APPRENTICE TO THE ART OF DYING
For Hernán Valdés

The apprentice to the art of dying has to forget about all the dead
if he wants to learn, perhaps, the basics of a trade
that none teaches nor has any mastered its craft
from a body of works in the public domain
abounding in inexpressive bits of bravery
the operatic dying who take undue advantage of death
The Book of the Dead
the unforgettable steps in the Dance of Death and the ballads
of Jorge Manrique
A whole bibliography of brilliant works of Judeo-Christian
antiquity plagued by one mistake
the other life
that spirits away in the first line those monuments
no less nor no more memorable than clouds
the apprentice should instead follow through those godless
    streets the living dead
the old woman who removed the earth at the foot of a single tree,
    beside the Hudson
every evening and after tilling returned each clod to its place
the guy with messy hair in a Mohican strip, who stands for hours
    leaning his forehead against a retaining wall
on a Santiago thoroughfare
those rituals would be worth the fullest attention
if the apprentice were initiated into the incomprehensible
that knowledge we're missing
the gestures and the clothing of those beings arouse attention
they carry on like clocks of flesh and blood
like the structure of a poem with meter and rhyme
emptied of words

LOS QUE VAN A MORIR

como un cubo de agua sucia
Hay una compostura letal en la forma en que los usuarios
    pingajos inmundos cuidan de mantenerlos unidos
    con aguja e hilo
se puede decir que visten correctamente a condición de que
    esta palabra no signifique nada
Son actores moribundos que representan a unos cadáveres,
    sin bajarse del escenario
lugares estratégicos que elige el gran teatro del mundo para
    dar el espectáculo de su descomposición
a través de esas obras selectas admiten o convocan al público
a condición de que se hagan ver por los actores
fortuitamente
después de todo
Pero lo único recomendable para el aprendiz es que observe
    "su vida fuera de su vida"
Como lo que fue tantas veces. Un cuadro inerte simulando
    un paisaje
un fantasma de poca monta haciéndole el gasto de una persona
en situaciones que no eran lo que parecían
Alguna vez un maniquí fue su mujer
y su amiga quien le cerró la puerta de su casa, arrojándole a la
    calle sus manuscritos
para los perros y el viento.

THOSE WHO ARE GOING TO DIE

like a pail of dirty water
There is a lethal neatness to the way those in filthy rags take care
    to keep them together
    with needle and thread
it can be said that they dress correctly provided this
    word doesn't mean a thing
They are dying actors who play the role of cadavers, without getting
    down from the stage
strategic sets the world's grand theater chooses for putting on the
    spectacle of their rotting away
through those selected works they admit or summon the audience
on the condition they're made to see through the actors
fortuitously
after all
But the one recommendation for the apprentice is to observe
    "his life outside of his life"
As it was so many times. An inert painting simulating
    a landscape
a worthless ghost pretending to be someone
in situations that weren't what they seemed
Once a mannequin was his wife
and his friend the one who closed to him the door of his house,
    throwing his manuscripts into the street
for the dogs and wind.

LOS QUE VAN A MORIR

LA CIUDAD DEL YO

La ciudad del yo debiera paralizarse
cuando entra en ella la muerte.
Toda su actividad es nada ante la nada
Quiéranlo o no los agitados viajeros
que inútilmente siguen
entrando y saliendo de la ciudad
bajo la mano ahora
que convierte en sombras todo lo que toca
La mera inercia, sin embargo, despierta
en el gobernador una desahuciada esperanza
Antes la muerte se resiste a capitular
aunque tocado por ella es una sombra
pero una sombra de algo, aferrada
a la imitación de la vida.

THOSE WHO ARE GOING TO DIE

THE CITY OF THE I

The city of the I should be at a standstill
once death has come within
All its activity is nothing in the face of nothing
Whether they want to or not the agitated travelers
go on pointlessly
entering and leaving the city
now beneath the hand
that turns to shadows all it touches
The mere inertia, nevertheless, awakens
in the governor a hopeless hope
Facing death he resists giving in
even though touched by it he's a shadow
but a shadow of something, clinging
to the imitation of life.

LA MUERTE ES UN
BUEN AMIGO COMÚN

La muerte es un buen amigo común
que te ha traído a mí con sencillez
cuento con la seguridad de tu compañía
y el regalo de tus cuidados
tanto o mejor que en los buenos tiempos
te despreocupa ya no ser la única
no por indiferencia sino por amor
que en personas como tú crece después de extenuarse
hasta ser nada más que un incansable
acto de generosidad

THOSE WHO ARE GOING TO DIE

**DEATH IS A GOOD FRIEND
WE SHARE IN COMMON**

Death is a good friend we share in common
who has simply brought you to me
I rely on the certainty of your companionship
and the gift of your care
more or better than when times were good
you are unbothered now by not being the only one
not from indifference but out of love
which in those like you increases after having weakened
until it becomes no more than a tireless
act of generosity

LOS QUE VAN A MORIR

QUIÉN DE TODOS EN MÍ ES EL QUE TANTO

¿Quién de todos en mí es el que tanto
teme la muerte?
Unos lucharán valerosamente contra ella
Otros no le harán ningún asco, rindiéndose como gallinas
Habrá traidores que le iluminarán el camino
como si ella tuviera necesidad de luz
hasta el corazón tan negro como ella de la ciudad

Estará Hamlet que se sube a la cabeza
con mi cráneo de pobre Yorick en su mano enguantada
recitando las tonterías de siempre
De estos movimientos contradictorios puede esperarse la
        tempestad, y, también, la calma
que mutuamente se anuncian
Pero esta rama seca que invade el bosque
esta réplica de la muerte hecha de palo
Supongámoslo un ciudadano de tercera llamada ego
tan diferente de lo que mejor conoce
pues la muerte es justamente el protoplasma de este hijo sin madre
nacido de mi muslo
Esa mierda que nunca pude excretar
aferrado a mí como el nódulo al pulmón
cancerosamente diestro en la toma del poder
un charlatán que sólo puede hablar de lo que existe en lo que habla
y contaminarlo todo de irrealidad
piedra angular de la pesadilla y del sueño
de las fantasías que enferman y de las ilusiones que matan
es él quien pone ante la pelada el grito en el cielo—
raso de la ciudad
y el temblor en todos nosotros, los encerrados a morir

THOSE WHO ARE GOING TO DIE

WHO OF ALL THOSE IN ME IS THE ONE

Who of all those in me is the one
fears death so much?
Some will struggle against it bravely
Others will not find it disgusting, giving in like chickens
There will be traitors who will illuminate the way
as if it had any need of light
whose heart is black as the city's

There will be Hamlet who climbs to my head
with in his gloved hand my poor Yorick skull
reciting once more the same old nonsense
From these contradictory movements the tempest can be
        expected, and, also, the calm
which are mutually announced
But this dry branch that invades the woods
this replica of death made of a stick
Let's suppose it's a third-class citizen called ego
so different from what knows better
since death is precisely the protoplasm of this motherless son
born from my thigh
That shit that I could never excrete
stuck to me like the lump to the lung
cancerously dexterous in taking control
a charlatan only able to talk of what exists in what he says
and to contaminate it all with unreality
cornerstone of nightmare and dream
of the fantasies that sicken and the illusions that kill
it is he who in the face of death hits the ceiling—
ceiling of the city
and trembling in us all, the confined to die

BUEN DESPILFARRADOR

Serás el buen despilfarrador con tus horas contadas
no el inútil avaro que mezquina y recuenta
sus contadas, como si no fuera
a pagarlas todas y de golpe a su tiempo
No te adelantarás a tu muerte, viviéndola, aunque ella
      esté tan cerca a ti como el feto de su madre o la
      semilla de su fruto.
Ella es simplemente otro ser, y su conexión contigo una fisura
aunque lo alumbres y te pudras para que sea.

THE GOOD SPENDTHRIFT

With your hours numbered you will be the good spendthrift
not the useless miser who measures and recounts
his portion, as if he wouldn't be made
to repay it all and all at once right on time
You will not get ahead of your death, living it, even though
> it be as near to you as the fetus to its mother or the
> seed to its fruit

It is simply another being, and its connection with you a rift
even though you give it birth and you rot that it may be.

LA MANO ARTIFICIAL

Es una mano artificial la que trajo
papel y lápiz en el bolso del desahuciado
No va a escribir *Contra la muerte,* ni *El arte de morir*
¡felices escrituras! No va a firmar un decreto
de excepción que lo devuelva a la vida.
Mueve su mano ortopédica como un imbécil que jugara
con una piedra o un pedazo de palo
y el papel se llena de signos como un hueso de hormigas.

THOSE WHO ARE GOING TO DIE

THE ARTIFICIAL HAND

An artificial hand it is that brought
paper and pencil in the bag of the terminally ill
It's not going to write *Against Death*, nor *The Art of Dying*
fortunate writings! It's not going to sign a decree
making an exception that will return him to life
His orthopedic hand moves like an idiot who would play
with a rock or a piece of wood
and the paper fills itself with signs like ants on a bone.

LOS QUE VAN A MORIR

AUTOCINE

Se lee en pantalla: sólo para ti
La función empezaría siempre que te duermes
Si no fuera porque, a veces, felizmente la pierdes
Vienes al cine solo
como lo estás en la pantalla
tus encuentros en ella con la primera actriz
aunque fatales no agregan
su nombre a la falacia del reparto:
tú mismo haces todos los papeles.

Igual, será la última vez que trabajemos juntos
La angustia que te despierta tiene un aire de falsedad
Desistes de anotar en tu cuaderno de sueños
esa cosa de nada que llenaría cien páginas
el análisis para qué
una interpretación de rutina

SELF-MADE CINEMA

On the screen it reads: just for you
The show would always start when you fall asleep
If it weren't because, at times, you happily miss it
You come to the movie alone
just as you are on the screen
your meetings on it with the leading lady
though fatal do not add
her name to the deceitful cast of characters:
you yourself play all the parts.

Anyway, it will be the last time that we may work together
The anguish that awakens you has to it an air of falsity
You quit jotting down in your notebook of dreams
that thing of nothing that would fill a hundred pages
analysis for what reason
a routine interpretation

LOS QUE VAN A MORIR

LOS QUE VAN A MORIR PUEDEN NO ESPERAR

Los que van a morir pueden no esperar
que termine el horror de la historia
De los moribundos es el reino de la duda
la desesperanza y la convicción
Dudan que el monstruo doble la cerviz
desesperan del ovillo de Ariadne un camino tan irreal
y de la realidad de tal Teseo
Saben que el laberinto se desmoronará por sí solo
sobre la cabeza de un viejo minotauro incapaz ya de sostenerlo
con sus cuernos
inapetente ante la carne viva

Los que van a morir sospechan que otros horribles trabajadores
reconstruyen el laberinto un poco más allá
para los devoradores que vienen

THOSE WHO ARE GOING TO DIE CAN'T WAIT

Those who are going to die can't wait
for the horror of history to end
The dying belong to the kingdom of doubt
despair and conviction
They don't believe the monster will give in
they lose hope in Ariadne's ball of thread so unreal a trail
and in the reality of any such Theseus
They know that the labyrinth will fall of its own accord
on the head of an old minotaur incapable of supporting it
with his horns
his appetite gone for living meat

Those who are going to die suspect that other dreadful workers
will reconstruct the labyrinth a little farther on
for the consumers yet to come

LOS QUE VAN A MORIR

NADIE ESCRIBE DESDE EL MÁS ALLÁ

Nadie escribe desde el más allá
Las memorias de ultratumba son apócrifas
En la casa de la muerte sólo se encuentran agonizantes lectores
algunos vivos que curiosean allí, pero no muertos.
Aunque el libro tibetano de los muertos diga que se dirige
         a ellos
no hay lectores en el más allá, muertos que no guardan las formas
         y la gravedad de la noche.
Sólo se recuerdan apariciones
fantasmas, más bien, fantasías, enfermedades de la memoria
Esos señores, en lugar de hablar, responden a la desesperación
de preguntas mediúmnicas sin interés.
Peor aún, suspenden mesas de tres patas para probar que existen.
Como invisibles pionetas
bajan un piano del quinto al cuarto piso.

Quiero saber qué son los muertos, si son
No lo que hacen ni lo que dicen de otros
no las pruebas de su existencia, si existen.

THOSE WHO ARE GOING TO DIE

NOBODY WRITES FROM THE OTHER SIDE

Nobody writes from the other side
Memoirs from beyond the grave are apocryphal
Only dying readers are found in the house of death
a few living wander around, but not any dead.
Even though the Tibetan book of the dead says it is addressed
 to those
there are no readers in the other world, dead who do not keep
 the forms and gravity of night.
Only ghostly apparitions
are recalled, or better, fantasies, memory's illnesses
Those gentlemen, instead of talking, reply without interest
to the desperation of spiritualistic questions.
Even worse, to prove they exist they levitate three-legged tables.
Like invisible movers
they lower a piano from the fifth to the fourth floor.

I want to know what are the dead, if they are
Not what they do nor what they say about others
not the proofs of their existence, if they exist.

QUÉ OTRA COSA SE PUEDE
DECIR DE LA MUERTE

Qué otra cosa se puede decir de la muerte
que sea desde ella, no sobre ella
Es una cosa sorda, muda y ciega
La antropomorfizamos en el temor de que no sea un sujeto
sino la tercera persona, no persona, "él" o "ella"

La mujer reemplazada en Klinger por una estatua yacente
sarcásticamente maternal, sobre cuyo pecho plano como una
      lápida, yo, el bebé
mezcla de sapo y ángel, miro a los espectadores con terror
nunca los mismos, siempre ausentes
como en un teatro
donde se representa una obra congelada

THOSE WHO ARE GOING TO DIE

WHAT ELSE CAN
BE SAID OF DEATH

What else can be said of death
that may be from it, not about it
It's something deaf, mute, and blind
We anthropomorphize it from fear that it may not be a subject
but the third person, no person, "he" or "she"

The woman replaced in Klinger by a reposing statue
sarcastically maternal, on whose flat chest like a slab,
     I, the baby
mixture of frog and angel, watch the spectators with terror
never the same ones, always absent
as in a theater
that puts on a frozen play

LOS QUE VAN A MORIR

ANIMITA DE ÉXITO

Me ha convertido en una animita de éxito
entre los camioneros y sus familias
Una casita de la muerte iluminada a vela, piadosamente;
    a diario con flores frescas a sus pies
Me he convertido en un actor que va a morir,
    pero de verdad, en el último acto
en un afamado equilibrista sin red que baila noche a noche
    sobre la cuerda floja
El teléfono suena constantemente en mi camarín.
No me pueden llamar para derogar mi aparición en escena
lo hacen sólo para pedirme que les reserve entradas aunque sea
    para el tercer acto
Tinguirinea gente cercana a mi corazón ahora vacío pero no
    indiferente y gente que estuvo a miles de kilómetros de él
estos últimos para reconciliarse con Jesús, su paralítico, a pito de mí
para obtener la absolución en el último momento
Par délicatesse voy a perder con lo que me queda de vida
la alegría de morir, recibiendo a esos jetones

La muerte es un éxito de público
Basta con doce personas
No quiero a nadie más en la platea

THOSE WHO ARE GOING TO DIE

CHARMED ROADSIDE SHRINE

It has turned me into a charmed roadside shrine
among the truckers and their families
A little house of death candlelit with piety;
       fresh flowers daily at its feet
I have turned myself into an actor who is going to die, but
       actually, in the final scene
into a famous acrobat with no safety net who dances on the
       tightrope night to night
The telephone rings constantly in my dressing room.
They can't call me to cancel my stage appearance
they do it just to beg me to save them tickets if it's only
       for act three
People mill about dear to my now empty but not indifferent
       heart and people who were thousands of miles from it
the latter out to get right with Jesus, their paralytic, using me
to obtain absolution at the very last minute
Out of politeness I am going to waste the little life left to me
the happiness of dying, receiving those thick-lipped losers

Death is a big attraction
for me a dozen persons are enough
I don't want any more on the theater floor